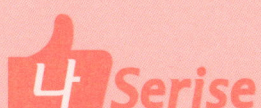

성장 리더십 개발 교재

성숙한 나

순장 리더십 개발 교재_ 성숙한 나

2016년 1월 27일 초판 발행

엮 은 이 한국대학생선교회
발 행 인 김윤희
발 행 처 순출판사
디 자 인 (주)아이엠크리에이티브컴퍼니
일 러 스 트 (주)아이엠크리에이티브컴퍼니
주   소 서울시 종로구 백석동 1가길 2-8
전   화 02)722-6931~2   팩 스 02)722-6933
인 터 넷 http://www.kccc.org
등록번호 제 1-2464 호
등록년월일 1993.3.15.

값 5,000원
ISBN 978-89-389-0299-3

본서의 판권은 순출판사에 있습니다. 무단 전재 및 복제를 금합니다.
책 내용과 관련된 문의는 한국대학생선교회_MRD(02-397-6260)으로 문의 바랍니다.

서문

'나 시리즈'는 하나님의 사람으로 성장하고, 성숙한 신앙으로 발전하며, 주님과 동행하는 영향력 있고 리더십 있는 제자로 교육받기 위해 만들어진 순장 교육용 교재입니다. '나 시리즈'는 '성숙한 나', '멋진 나', '대답이 준비된 나' 총 세 권으로 구성되어 있습니다.

'멋진 나'를 통해서는 그리스도 안에서 하나님이 주신 꿈을 발견하고, 다른 사람을 사랑하는 제자로 성장할 수 있도록 하였고, '성숙한 나'를 통해서는 성숙한 그리스도인으로서 다른 사람을 이해하고 용서하며 권위에 대한 바른 태도를 가지고 좋은 리더가 될 수 있도록 구성했습니다. 또 '대답이 준비된 나'에서는 하나님과 예수님, 성경의 권위에 대한 변증적인 이슈들을 분명하게 이해하고 대답할 수 있도록 하여 온전한 복음을 전할 수 있도록 하였습니다.

'나 시리즈'는 영역별로 주제가 나뉘어 있을 뿐만 아니라 순장들의 필요에 맞는 주제를 선택할 수 있기에 순장 교육용으로도 유용합니다. 또 이 교재는 소그룹 성경공부 또는 주제별 강의 교재로도 사용할 수 있습니다. 리트릿에 가서 집중적으로 여러 과를 공부할 수도 있고, 강의식 또는 토론식으로도 활용할 수 있습니다. 실제 삶과 직결된 이슈들도 많이 다루고 있어 신앙과 삶을 연결하는 데에도 도움이 될 것입니다.

이 교재를 통해 순장(또는 순원)들이 그리스도를 닮아가는 성숙하고 멋진 제자의 삶을 살기를 기대합니다.

― CCC 출판부

성숙한 나

1과 그리스도의 몸을 세우기 I – 용서　6

2과 그리스도의 몸을 세우기 II – 격려　14

3과 권위와 순종 21세기에도 필요한가?　24

4과 좋은 질문하기 How to Ask Good Questions　40

5과 화목의 통로　52

6과 독신기간 멋지게 살기　60

7과 룸메이트와 살아남기　76

8과 지도력이란?　98

9과 지도력 개발　106

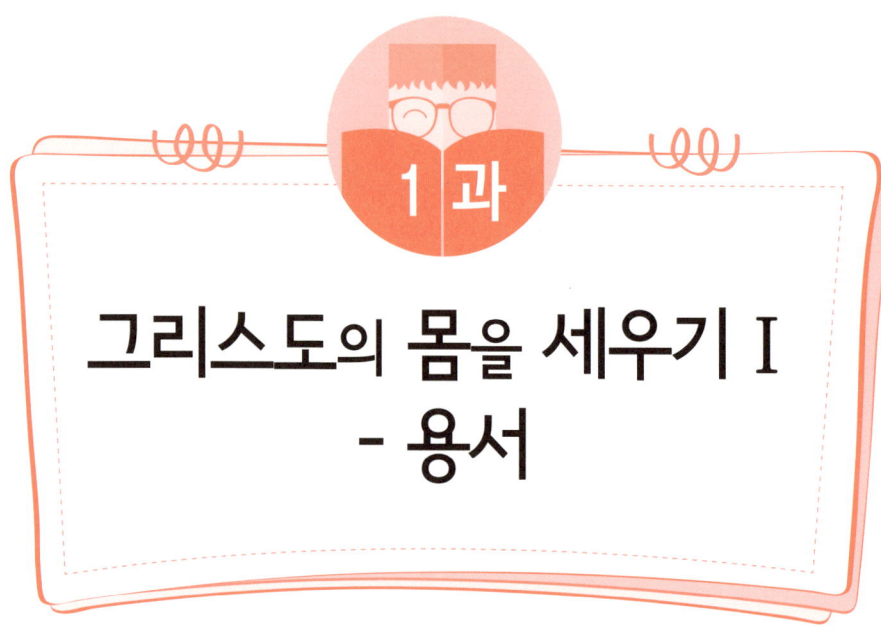

그리스도의 몸을 세우기 I
- 용서

- 개 관 목 적 -
용서에 대한 성경적 원리들을 배우고 적용하여 그리스도의 몸을 세우는 데 있다.

학 습 목 표

이 강의가 끝날 때 당신은,

1. 당신이 용서를 구해야 할 2가지 상황을 말할 수 있다.
2. 다른 사람들에게 용서를 구하는 4가지 단계를 말할 수 있다.
3. 다른 사람들을 격려하는 4가지 방법을 말할 수 있다.
4. 격려의 2가지 필수 요소들을 설명할 수 있다.

 서론

누가복음 15:11-32은 '탕자의 비유'로 유명하다. 이 비유에서 탕자가 아버지에게 회개하는 장면을 보자.

> **눅 15:21-22** ²¹아들이 이르되 아버지 내가 하늘과 아버지께 죄를 지었사오니 지금부터는 아버지의 아들이라 일컬음을 감당하지 못하겠나이다 하나 ²²아버지는 종들에게 이르되 제일 좋은 옷을 내어다가 입히고 손에 가락지를 끼우고 발에 신을 신기라

가. 방탕한 아들이 그의 아버지에게 용서를 구할 때 가졌던 몇 가지 단계와 태도를 말해 보라.(눅 15:21-22)

나. 아들의 요청에 대한 아버지의 태도와 반응은 어떠했는가?

당신이 용서를 구해야 할 두 가지 상황

가. 당신이 _____ 형제의 마음을 상하게 했을 때 마다 (마 5:23-24)

> 마 5:23-24 ²³그러므로 예물을 제단에 드리려다가 거기서 네 형제에게 원망들을 만한 일이 있는 것이 생각나거든 ²⁴예물을 제단 앞에 두고 먼저 가서 형제와 화목하고 그 후에 와서 예물을 드리라

이 첫 번째 상황에서는 언제나 당신이 죄를 범한 사람에게 가서 일을 바로잡을 필요가 있다.

때때로 우리는 누군가의 기분을 상하게 할 것을 알면서도 어떤 일을 행하거나 말을 할 때가 있다. 화가 나서 혹은 앙갚음하려는 마음에서, 하나님께서 원하시는 것을 알면서도 오히려 우리가 하고 싶은 대로 말하거나 행동하여 누군가의 마음을 상하게 했을 때, 우리는 먼저 그리스도를 다시 마음의 왕좌에 모셔야만 한다.

그리고 나서 마음을 상하게 한 그 사람에게 가서 용서해 줄 것을 구해야 한다. 고의적으로 하나님과의 교제를 깨뜨렸으므로 미루거나 주저하지 말고 곧바로 가라.

나. 마음을 상하게 한 것이 비록 _____ 할지라도 성령께서 당신에게 죄를 깨닫게 하실 때

두 번째 상황은 성령 안에서 살아가는 동안에 본의 아니게 누군가의 마음을 상하게 했다는 것을 발견할 때이다. 당신이 행한 혹은 말한 것으로 인해 상대방이 화가 났거나 기분이 상했다는 것을 성령님께서 곧 바로 또는 나중에 깨닫게 하실 때가 있다. 많은 실례 속에서 성령님은 당신을 인도하여 용서를 구하게 하실 것이다.

우리들은 자신의 성숙하지 못함과 민감하지 못함으로 인해 종종 다른 사람들의 기분을 상하게 한다. 그렇지만 하나님께서는 용서를 구하는 법을 통해 우리의 신앙을 한 단계 더 성장시키실 것이다. 당신이 잘못한 경우가 아님에도 어떤 때는 상대방이 지나치게

민감한 경우도 있는데, 그때는 상대방이 기분이 상했다 할지라도 용서를 구할 필요는 없다. 이것은 상대방 스스로가 해결해야 할 문제이기 때문이다.

그러나 교만한 태도와 자신의 행동을 합리화하려는 유혹에 주의하라. 주님이 여러분에게 은총을 주시어 사랑과 겸손의 태도로 상대방을 대하게 하실 것이다. 여러분이 자신의 행동에 대한 책임을 기꺼이 떠맡으려고 한다는 것은 성장하고 성숙했다는 표시이다.

3 다른 사람들에게 용서를 구하는 4 단계

가. 당신이 _____ 을 저지른 사람을 _____.

당신이 잘못을 저지른 사람들의 이름과 어떤 식으로 잘못을 저질렀는가를 기록하라. 그분의 뜻과 지혜를 나타내 보이시는 성령님께 민감하라. 그러나 자기 분석적이 되지 말라.

나. 하나님께 나아가라.

1) 당신 자신의 마음을 살피라. 당신이 다른 사람들에 대해 신랄함이나 용서하지 않는 태도를 갖고 있지 않은지 먼저 자신을 점검하라.

> 마 6:14-15 ¹⁴너희가 사람의 잘못을 용서하면 너희 하늘 아버지께서도 너희 잘못을 용서하시려니와 ¹⁵너희가 사람의 잘못을 용서하지 아니하면 너희 아버지께서도 너희 잘못을 용서하지 아니하시리라

이 구절의 의미는 무엇인가?

참고: 이 구절에 대해 몇 가지 알아야 할 것이 있다.

(1) 하나님의 죄 용서가 내가 다른 사람을 용서하는 여부에 달려있다는 의미는 아니다.
(2) 다른 사람들에 대한 용서는 자신이 하나님께 먼저 용서받았다는 것을 깨닫는 데에서 시작한다.
(3) 이 구절은 하나님과의 교제에 관한 것이다. 우리가 다른 사람을 용서하기를 거부한다면 하나님과 교제하기를 기대할 수 없다는 뜻이다.

2) 하나님께 당신이 지은 죄를 고백하고 그분의 깨끗케 하심과 용서하심에 감사하라.

각 사람을 당신의 인생에서 인격 성장의 도구로 사용하신 것에 대해 하나님께 감사하라.

다. 당신이 죄를 범한 사람에게 가서 용서를 _____.

깨끗한 마음 :

자유함과 능력 : 그 사람에게 가지 않는 경우에 계속해서 올무가 될 수 있는 헛된 공상과
　　　　　　　죄에 대한 사탄의 거짓말로부터 자유함과 능력을 누릴 수 있게 될 것이다.

당신이 용서를 구할 때 명심해야 할 일이 몇 가지 있다.

1) 상대방을 화나게 한 ＿＿＿＿＿＿ 에 대해 용서를 구하라.

　단지 눈에 보이는 잘못된 행동보다는 오히려 이기심, 분노, 시기와 같은 ＿＿＿＿
　들을 자각하는 데 ＿＿＿＿＿ 이 되라.

　예를 들면, 화가 나서 지난 이틀 동안 당신과 함께 방을 쓰는 사람(배우자 또는 룸메이
　트)을 무시했다면 용서를 구하는 가장 효과적인 방법은 "당신을 무시한 것에 대해 저
　를 용서해 주십시오"와 같이 그 행동뿐만 아니라 "무시한 이유는 제가 당신에게 화가
　났었기 때문입니다. 용서해 주십시오"라고 태도의 잘못도 말하라.
　한 가지 더 예를 들면 "늦어서 미안합니다"라기 보다는 "당신의 시간과 약속들에 대해
　제가 민감하지 못했음을 부디 용서해 주십시오" 라고 말하라.

2) 겸손한 태도로 가라.

　용서를 구할 때 잘못을 상대방에게 돌리거나 책망하지 말라.
　우리가 하나님께 열린 마음으로 가까이 간다면 그분은 우리에게 겸손함과 회개의 마
　음을 주실 것이다.

3) 반대로 상대방이 당신에게 용서를 구한다면 너그럽게 응하라.

> 마 18:21-22 ²¹그 때에 베드로가 나아와 이르되 주여 형제가 내게 죄를 범하면 몇 번이나 용서하여 주리이까 일곱 번까지 하오리이까 ²²예수께서 이르시되 네게 이르노니 일곱 번뿐 아니라 일곱 번을 일흔 번까지라도 할지니라

참고: 전통적인 유대인의 가르침은 3번이면 족했다. 베드로 본인으로서는 최대한의 관용을 베푼 것이었다. 7X70 = 490번의 용서는 무한대로 용서하라는 의미이다.

4) _____하라.

   (1) 용서를 구할 적절한 시간을 택하라.

   (2) 당신이 죄를 지은 그 사람____을 포함하라.
      그렇지 않을 경우 어떤 일들이 발생할지 생각해 보라.

라. _____하거나 앞으로의 갈등을 방지할 방법들을 토의하라.

배상은 용서를 구함에 있어서 매우 중요하다.
이것은 말이 실제로 실천되는 것이다.
이것이야 말로 용서를 구하는 진위성이 드러나는 부분이다.
재발 방지를 위한 갈등의 원인에 대해 이야기하는 것 또한 매우 중요하다.

 **실천사항 : 용서**

가. 당신이 잘못을 범했기에 용서를 구해야할 필요가 있는 사람들이나 혹은 당신에게 잘못을 범했기에 당신이 말을 걸어야만 할 사람들을 당신에게 알려주실 것을 하나님께 구하라.

나. 당신이 누군가에게 잘못을 했다면 그것을 고백하고 하나님의 용서하심에 대해 그분께 감사하라.
 요한일서 1:9을 주장하라. "만일 우리가 우리 죄를 자백하면 저는 미쁘시고 의로 우사 우리 죄를 사하시며 모든 불의에서 우리를 깨끗케 하실 것이요"

다. 빠른 시일 내에 그 사람과 함께 만날 시간을 정하라.
 그 시간을 확정하기 위해 그와 언제 연락할 것인가를 결정하라.
 가능한 빨리 연락하고 만날 시간을 정하라.

그리스도의 몸을 세우기 Ⅱ
- 격려

- 개 관 목 적 -
격에 대한 성경적 원리들을 배우고 적용하여 그리스도의 몸을 세우는 데 있다.

 **바울: 격려의 모범**

가. 말씀 공부

> 고후 1:3-4 ³찬송하리로다 그는 우리 주 예수 그리스도의 하나님이시요 자비의 아버지시오 모든 <u>위로</u>의 하나님이시며 ⁴우리의 모든 환난 중에서 우리를 <u>위로하사</u> 우리로 하여금 하나님께 받은 <u>위로로써</u> 모든 환난 중에 있는 자들을 능히 <u>위로하게</u> 하시는 이시로다
>
> 빌 4:2 내가 유오디아를 <u>권하고</u> 순두게를 <u>권하노니</u> 주안에서 같은 마음을 품으라.
>
> 딤후 4:2 너는 말씀을 전파하라 때를 얻든지 못 얻든지 항상 힘쓰라 범사에 오래 참음과 가르침으로 경책하며 경계하며 <u>권하라</u>

밑줄 친 단어들은 모두 파라칼레오(Parakaleo)라는 공통된 헬라어 어원을 가졌는데 이것은 '함께 부르심을 받다'를 뜻한다.

요 14:16 내가 아버지께 구하겠으니 그가 또 다른 보혜사(파라클레이토스)를 너희에게 주사 영원토록 너희와 함께 있게 하시리니

나. 빌립보 교인들에게

빌 1:3-8 ³내가 너희를 생각할 때마다 나의 하나님께 감사하며 ⁴간구할 때마다 너희 무리를 위하여 기쁨으로 항상 간구함은 ⁵너희가 첫날부터 이제까지 복음을 위한 일에 참여하고 있기 때문이라 ⁶너희 안에서 착한 일을 시작하신 이가 그리스도 예수의 날까지 이루실 줄을 우리는 확신하노라 ⁷내가 너희 무리를 위하여 이와 같이 생각하는 것이 마땅하니 이는 너희가 내 마음에 있으며 나의 매임과 복음을 변명함과 확정함에 너희가 다 나와 함께 은혜에 참여한 자가 됨이라 ⁸내가 예수 그리스도의 심장으로 너희 무리를 얼마나 사모하는지 하나님이 내 증인이시니라

1) 이 말씀에서 바울은 빌립보 교인들을 어떻게 격려하고 있는가?

2) 바울은 하나님에 대해 어떤 것을 말하므로 빌립보 교인들을 격려하고 있는가?

다. 데살로니가 교인들에게

살전 1장 [1]바울과 실루아노와 디모데는 하나님 아버지와 주 예수 그리스도 안에 있는 데살로니가인의 교회에 편지하노니 은혜와 평강이 너희에게 있을지어다 [2]우리가 너희 모두로 말미암아 항상 하나님께 감사하며 기도할 때에 너희를 기억함은 [3]너희의 믿음의 역사와 사랑의 수고와 우리 주 예수 그리스도에 대한 소망의 인내를 우리 하나님 아버지 앞에서 끊임없이 기억함이니 [4]하나님의 사랑하심을 받은 형제들아 너희를 택하심을 아노라 [5]이는 우리 복음이 너희에게 말로만 이른 것이 아니라 또한 능력과 성령과 큰 확신으로 된 것임이라 우리가 너희 가운데서 너희를 위하여 어떤 사람이 된 것은 너희 아는 바와 같으니라 [6]또 너희는 많은 환난 가운데서 성령의 기쁨으로 말씀을 받아 우리와 주를 본받은 자가 되었으니 [7]그러므로 너희가 마게도냐와 아가야에 있는 모든 믿는 자의 본이 되었느니라 [8]주의 말씀이 너희에게로부터 마게도냐와 아가야에만 들릴 뿐 아니라 하나님을 향하는 너희 믿음의 소문이 각처에 퍼졌으므로 우리는 아무 말도 할 것이 없노라 [9]그들이 우리에 대하여 스스로 말하기를 우리가 어떻게 너희 가운데에 들어갔는지와 너희가 어떻게 우상을 버리고 하나님께로 돌아와서 살아 계시고 참되신 하나님을 섬기는지와 [10]또 죽은 자들 가운데서 다시 살리신 그의 아들이 하늘로부터 강림하실 것을 너희가 어떻게 기다리는지를 말하니 이는 장래의 노하심에서 우리를 건지시는 예수시니라

1) 이 말씀에서 바울은 데살로니가 교인들을 어떻게 격려하고 있는가?

2) 바울이 격려하기 위해 언급하고 있는 하나님이 행하신 일들은 무엇인가?

 다른 사람들을 격려하는 네 가지 방법

가. 그가 _____ 에 대해 그를 격려하라.

1) 그리스도안에서 그의 가치를 말해 주라.

> 엡 5:1-2 ¹그러므로 사랑을 받는 자녀 같이 너희는 하나님을 본받는 자가 되고 ²그리스도께서 너희를 사랑하신 것 같이 너희도 사랑 가운데서 행하라 그는 우리를 위하여 자신을 버리사 향기로운 제물과 희생 제물로 하나님께 드리셨느니라

2) 그의 삶에서 특정한 자질을 인정해 주라.

> 살전 5:11 그러므로 피차 권면하고 서로 덕을 세우기를 너희가 하는 것 같이 하라

기회가 있을 때마다 자주 말씀으로 격려하는 것이 좋다: 형제 자매들의 성격, 재능, 기술, 지도력, 운동신경, 영적인 은사 등이 자질이 될 수 있다.

나. 그가 _____ 에 대해 그를 격려하라.

　1) 하나님에 대한 그의 사랑과 순종에 대해 격려하라.

　　골 1:3-4 ³우리가 너희를 위하여 기도할 때마다 하나님 곧 우리 주 예수 그리스도의 아버지께 감사하노라 ⁴이는 그리스도 예수 안에 너희의 믿음과 모든 성도에 대한 사랑을 들었음이요

　2) 다른 사람들에 대한 그의 _____ 에 대해 격려하라.

　　히 6:10 하나님은 불의하지 아니하사 너희 행위와 그의 이름을 위하여 나타낸 사랑으로 이미 성도를 섬긴 것과 이제도 섬기고 있는 것을 잊어버리지 아니하시느니라

　3) 다른 사람들에 대한 그의 _____ 에 대해 격려하라.

　　살전 1:8 주의 말씀이 너희에게로부터 마게도냐와 아가야에만 들릴 뿐 아니라 하나님을 향하는 너희 믿음의 소문이 각처에 퍼졌으므로 우리는 아무 말도 할 것이 없노라

다. 하나님이 어떤 분이신가에 대해 그에게 깨닫게 함으로써 그를 격려하라.

　1) 그에게 하나님의 _____ 을 깨닫게 하라.(시편 145편)

　2) 하나님이 사람들에게 그 자신을 나타내 보이신 성경의 예들을 그에게 보여주라.

라. 하나님이 행하시는 것들을 그에게 깨닫게 함으로써 그를 격려하라.

1) 그리스도가 그를 위해 이미 _____ 것들을 깨닫게 하라.(에베소서 1:3-8상)

> 엡 1:3-8상 ³찬송하리로다 하나님 곧 우리주 예수 그리스도 아버지께서 그리스도 안에서 하늘에 속한 모든 신령한 복을 우리에게 주시되 ⁴곧 창세전에 그리스도 안에서 우리를 택하사 우리로 사랑 안에서 그 앞에 거룩하고 흠이 없게 하시려고 ⁵그 기쁘신 뜻대로 우리를 예정하사 예수 그리스도로 말미암아 자기의 아들들이 되게 하셨으니 ⁶이는 그가 사랑하시는 자 안에서 우리에게 거저 주시는 바 그의 은혜의 영광을 찬송하게 하려는 것이라 ⁷우리는 그리스도 안에서 그의 은혜의 풍성함을 따라 그의 피로 말미암아 속량 곧 죄 사함을 받았느니라 ⁸이는 그가 모든 지혜와 총명을 우리에게 넘치게 하사

2) 그에게 그의 인생에서 _____ 크신 일들을 행하시겠다고 하신 하나님의 약속을 깨닫게 하라.

> 빌 2:13 너희 안에서 행하시는 이는 하나님이시니 자기의 기쁘신 뜻을 위하여 너희에게 소원을 두고 행하게 하시나니

 3 격려의 두 가지 필수 요소

가. 격려는 _____ 해야 한다.(마태복음 16:13-19, 21-23)

그릇된 격려나 아첨 혹은 그들 자신이나 처지에 대해 실재가 아닌 허상을 주는 것으로서는 다른 사람들을 결코 도울 수 없다. 예수님은 언제나 진실만을 말씀하셨다.

그의 제자들이 성장함을 보이고 통찰력을 보였을 때 예수님은 그들을 칭찬하는 데 민감하셨다. 그러나 베드로가 예수님이 예루살렘에 가시는 것을 막으려 했을 때처럼 그들이 그분의 목적을 완전히 오해했을 때 예수님은 더 이상 칭찬하지 않으셨다. 오히려 그분은 베드로에게 그가 잘못되었다는 것을 보여 주셨다.

나. 격려는 그 사람에게 하나님과 가까이 동행하도록 _____ 해야 한다.

> 살전 2:11-12 ¹¹너희도 아는 바와 같이 우리가 너희 각 사람에게 아버지가 자기 자녀에게 하듯 권면하고 위로하고 경계하노니 ¹²이는 너희를 부르사 자기 나라와 영광에 이르게 하시는 하나님께 합당히 행하게 하려 함이라

 **4 실천사항 : 격려**

가. 당신이 배운, 사람을 격려하는 네 가지 방법을 생각해 볼 때, (그가 어떤 사람인가, 그가 행하고 있는 것, 하나님은 어떤 분이신가, 하나님이 행하시는 것에 대해 그를 격려함) 당신은 어느 방법을 가장 자주 이용하는가?

_____

_____

나. 당신의 가까운 사람들을 생각해 볼 때, 당신은 누구를 가장 자주 격려하는가? 당신은 어떻게 그들을 격려 하는가?

다. 당신이 자주 격려를 하지 않는 사람은 누구인가? 그 이유는?

라. 당신은 이것을 어떻게 바꿀 수 있겠는가? 변화를 위한 구체적인 계획을 세우라.

자기점검복습

몸을 세우는 것을 배움

1. 참/거짓 : 당신이 알면서 누군가에게 죄를 범했다면, 당신은 용서를 구하러 가기 전에 성령님이 죄를 깨닫게 해 주시기를 기다릴 필요가 있다.

   (답 : _____)

2. 기분을 상하게 한 것이 비록 _____ 할지라도 성령님이 우리에게 _____ _____ 때 우리는 용서를 구해야만 한다.

3. 빈칸을 채우고 아래의 진술들이 이루어지는 순서대로 각 진술 뒤에 번호를 쓰라.

   가. 하나님께 가라.(다른 사람들을 용서하고 죄를 고백하라) (___)

   나. _____ 앞으로의 갈등을 방지할 방법들을 토의하라. (___)

   다. 당신이 _____ 각 사람을 확인하라. (___)

   라. 당신이 _____ 사람에게 가서 그들의 _____. (___)

4. 다른 사람들을 격려하는 네 가지 방법을 말하라.

가.

나.

다.

라.

5. 참/거짓 : 격려는 다른 사람들에게 너무나도 필요한 것이어서 우리가 진실을 약간 왜곡할 필요가 있을 때일지라도 그것은 가치가 있다.

(답 : _____)

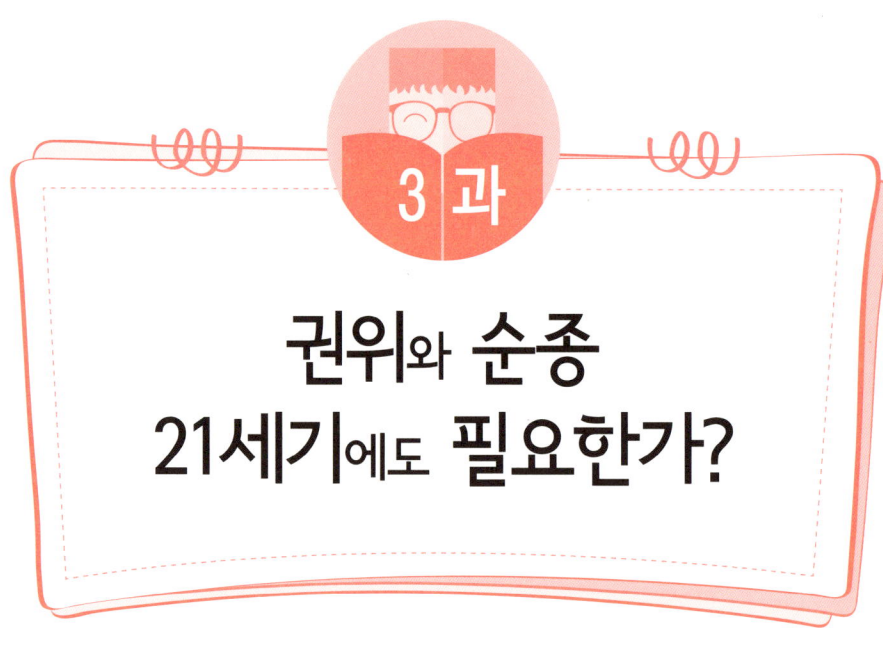

3과

권위와 순종 21세기에도 필요한가?

- 개 관 목 적 -
하나님의 권위에 복종하는 것에 대한 성경적 가르침을 배운다.

학 습 목 표

이 강의가 끝날 때 당신은,

1. 모든 권위에 대한 근원을 설명할 수 있다.
2. 왜 권위가 필요한지 이유를 설명할 수 있다.
3. 불순종의 행위에 대해 구약의 교훈을 배울 것이다.
4. 예수님이 보이신 순종의 모범으로부터 개인적으로 배워야 할 교훈을 말할 수 있다.

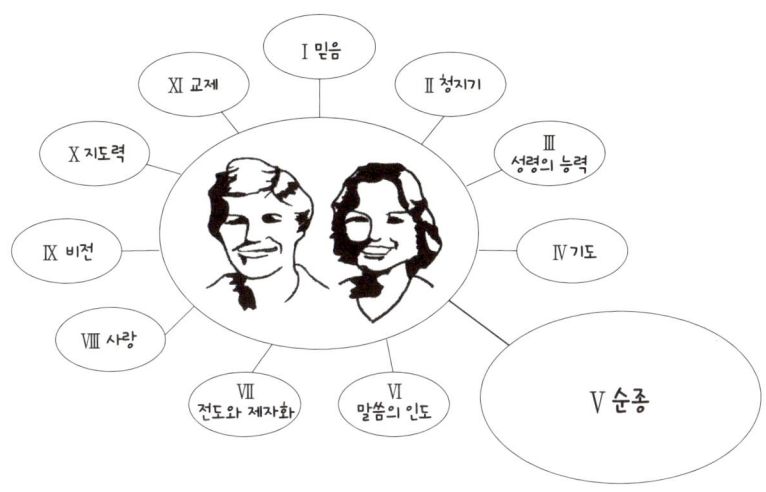

 **서론**

우리에게는 왜 권위가 필요한가?
교통법규가 없다면 도로에 어떤 상황이 일어날까?
법규들이 전혀 없다면 우리 삶속에 어떤 일들이 벌어질까?

가끔 우리는 권위를 원치 않거나 필요 없다고 느낄 때가 있다. 우리는 우리가 원하는 대로 행동 할 수 있기를 바란다. 그러나 만약 교통법규가 없다면 어떻게 될 것인지를 생각해 보라. 당신은 길 오른편에서 운전할 것인가? 혹은 왼편에서 운전할 것인가? 만일 오른편에서 운전했을 때 누군가 반대편 쪽에서 당신에게 다가와 사고를 일으키지 않으리라 확신할 수 있는가? 만약 누군가 실수로 당신의 차를 들이받았을 때 상대방이 당신에게 입힌 손해와 부상을 보상할 보험계약이 없다면 어떻게 될까?

당신은 권위의 필요에 대해 어떻게 생각하는가?

일체의 법규들이 존재하지 않고 당신을 보호해 줄 경찰관이 없다면 어떻게 될 것인가? 강한 자는 그들이 원하는 대로 무엇이든 할 것이다. 당신의 재산을 빼앗아가거나 신체적으로 당신을 학대하거나 심지어 자신들을 섬기라고 당신에게 강요할 수도 있다.

비록 우리가 권위에 대해 대항하려는 경향이 있을지라도 분명히 인류는 권위를 필요로 하고 있다.

2 권위의 근원은 무엇인가?

로마서 13:1-7을 읽으라.

> **롬 13:1-7** ¹각 사람은 위에 있는 권세들에게 복종하라 권세는 하나님으로부터 나지 않음이 없나니 모든 권세는 다 하나님께서 정하신 바라 ²그러므로 권세를 거스르는 자는 하나님의 명을 거스름이니 거스르는 자들은 심판을 자취하리라 ³다스리는 자들은 선한 일에 대하여 두려움이 되지 않고 악한 일에 대하여 되나니 네가 권세를 두려워하지 아니하려느냐 선을 행하라 그리하면 그에게 칭찬을 받으리라 ⁴그는 하나님의 사역자가 되어 네게 선을 베푸는 자니라 그러나 네가 악을 행하거든 두려워하라 그가 공연히 칼을 가지지 아니하였으니 곧 하나님의 사역자가 되어 악을 행하는 자에게 진노하심을 따라 보응하는 자니라 ⁵그러므로 복종하지 아니할 수 없

으니 진노 때문에 할 것이 아니라 양심을 따라 할 것이라 ⁶너희가 조세를 바치는 것도 이로 말미암음이라 그들이 하나님의 일꾼이 되어 바로 이 일에 항상 힘쓰느니라 ⁷모든 자에게 줄 것을 주되 조세를 받을 자에게 조세를 바치고 관세를 받을 자에게 관세를 바치고 두려워할 자를 두려워하며 존경할 자를 존경하라

　모든 능력과 권위는 ＿＿＿＿＿＿께로부터 나왔다. 하나님이 우주 만물의 근원인 것처럼 하나님은 우주 내에 있는 ＿＿＿＿＿＿의 근원이시다.

　하나님이 권위의 근원이시기 때문에 바울은 로마서에서 기독교인은 하나님이 세우신 세상 권세에 복종해야 한다고 말한다. 비록 바울은 권위의 부패와 남용을 알고 있었지만 그는 정부의 권위에 복종했다. 예수님 자신도 위정자의 권위에 복종하여 죽음을 당하셨다.

　만약 예수님께서 하나님께 복종하지 않기로 결정하고 십자가에 달리지 않으셨다면 그 결과가 어떠했을 지를 생각해 보라.

👍 3 권위에 대한 불순종의 예

　사람들은 '나'라는 자기중심의 문제를 가지고 있다. 어린아이들에게서도 이런 문제를 볼 수 있다. 세 살 난 소년이 일부러 우유를 부엌 바닥에 엎지르자 엄마는 걸레를 건네주며 닦으라고 했다. 소년은 거절했다. 이 소년은 '난 안 할거야'란 문제를 가지고 있었다. 엄마는 계속 강요하다 마침내 소년에게 매를 들어야 했고 어린 소년은 울면서 소란을 피웠다. 그러나 엄마는 끝까지 고집하여 30분이 걸렸으나 마침내 소년은 지저분한 것을 치워야 했다. 조금 엎지른 우유에 비해 상당히 소란스러운 일로 들리나 그 소년의 엄마는 그녀의 아들이 권위에 복종하는 것을 배우는 것이 얼마나 중요한지를 알고 있었

다. 엄마를 위해서가 아니라 아들의 인격 발달을 위해 그렇게 한 것이다. 이 경우는 권위뿐만이 아니라 자기가 잘못한 것에 대한 책임까지도 포함한다.

다음은 성경에 나오는 불순종의 예를 보면서 권위에 복종하는 것이 얼마나 중요한지를 살펴보자.

가. 아담과 하와는 하나님께 순종하기보다 오히려 _____의 말에 귀를 기울였다.

창세기 2:16-17과 3:1-6; 로마서 5:19상

> **창 2:16-17** [16]여호와 하나님이 그 사람에게 명하여 이르시되 동산 각종 나무의 열매는 네가 임의로 먹되 [17]선악을 알게 하는 나무의 열매는 먹지 말라 네가 먹는 날에는 반드시 죽으리라 하시니라
>
> **창 3:1-6** [1]그런데 뱀은 여호와 하나님이 지으신 들짐승 중에 가장 간교하니라 뱀이 여자에게 물어 이르되 하나님이 참으로 너희에게 동산 모든 나무의 열매를 먹지 말라 하시더냐 [2]여자가 뱀에게 말하되 [3]동산 나무의 열매를 우리가 먹을 수 있으나 동산 중앙에 있는 나무의 열매는 하나님의 말씀에 너희는 먹지도 말고 만지지도 말라 너희가 죽을까 하노라 하셨느니라 [4]뱀이 여자에게 이르되 너희가 결코 죽지 아니하리라 [5]너희가 그것을 먹는 날에는 너희 눈이 밝아져 하나님과 같이 되어 선악을 알 줄 하나님이 아심이니라 [6]여자가 그 나무를 본즉 먹음직도 하고 보암직도 하고 지혜롭게 할 만큼 탐스럽기도 한 나무인지라 여자가 그 열매를 따먹고 자기와 함께 있는 남편에게도 주매 그도 먹은지라
>
> **롬 5:19** 한 사람이 순종하지 아니함으로 많은 사람이 죄인 된 것 같이

아담과 하와의 불순종의 결과는 무엇이었는가?

이 예는 인간이 하나님께 불순종할 때 그 결과가 얼마나 멀리까지 영향을 미치는가를 보여준다. 하나님께 불순종하는 것은 결코 사소한 일이 아니다.

나. 나답과 아비후는 _____이 명하지 않은 그들 자신의 _____불로 분향을 했다.

레위기 10:1-2

레 10:1-2 ¹아론의 아들 나답과 아비후가 각기 향로를 가져다가 여호와께서 명령하시지 아니하신 다른 불을 여호와 앞에 분향하였더니 ²불이 여호와 앞에서 나와 그들을 삼키매 그들이 여호와 앞에서 죽은지라

나답과 아비후는 어떤 불순종을 저질렀는가?

나답과 아비후의 불순종의 결과는 무엇이었는가?

이 불순종의 예는 구약 전체에 걸친 제사, 분향 및 제사장직 제도에 인간이 하나님과 관련을 맺는 방법에 영향을 미치기 때문에 중요하다. 하나님은 그의 백성에게 하나님께서 규정하신 대로 예배드리는 것이 얼마나 중대한지를 나타내 보여주셨다.

> **예화**
>
> 미국 육군사관학교, 웨스트포인트는 장래의 미국군 장교를 훈련시킨다. 각 사관생도는 사관학교의 명예에 관한 엄격한 관례를 지키도록 서명해야 한다. '사관생도는 거짓말, 사기, 도둑질을 말 것이며 그런 짓을 하는 사람들을 묵인하지 않을 것이다.' 이것이 규율이다. 사관생도가 되려면 사관학교의 방식에 따라야만 한다. 그러나 가끔 자기 방식대로 행동하는 사람이 있다. 예를 들면 1976년 3월, 49명의 학생들이 시험 때 부정행위로 고발을 받고 퇴학을 당했다. 그들은 사관학교의 방식대로 따르지 않을 것을 선택했고 따라서 그 결과로 대가를 치러야 했다.

다. 아론과 미리암은 _____께서 이스라엘 자손의 지도자로 명한 모세를 _____ 했다.

민수기 12:1-15

미리암과 아론은 어떤 불순종을 저질렀는가?

_____

_____

미리암과 아론은 모세의 어떤 점을 핑계로 이용했는가?

하나님께선 이러한 비방을 하나님과 모세와의 특별한 관계를 지적하심으로써 신속하고 확고하게 처리하셨다. 하나님께서는 환상으로 모세에게 접근하지 않으셨다. 대신 친구처럼 모세에게 얼굴과 얼굴을 마주 대하며 말씀하셨다. 비록 모세보다 위인 형제자매일지라도 하나님께서 모세에게 주신 권위에 이들이 감히 도전할 자격은 없다. 그 권위는 하나님께서 주셨기 때문이다.

아론과 미리암의 불순종의 결과는 무엇이었는가?

> **예화**
>
> 미국의 한 기업 젊은 직원이 자기의 보스가 일을 잘못하고 있다고 생각하고 HCM (Human Capital Management) 담당자를 찾아갔다. 담당자는 그 이야기를 검토해 본 후 문제의 장본인이 보스가 아니라 비판적인 젊은 직원이라는 결론을 내렸다. 그 젊은 직원은 자신에게 문제가 있다는 것은 전혀 생각지 않은 채 자기의 보스와 조직에 지극히 비판적인 태도만을 취하고 있었다. 젊은 직원은 HCM 담당자와 상담한 후 자신에게 문제가 있음을 발견했다. 여기에서 중요한 것은 잘못된 권위에 무조건 복종이나 순종을 해야 한다는 것이 아니다. 위의 예처럼 관계된 분야에 적절한 사람에게 자신의 불만에 대한 객관성을 성립하는 것이 더 중요하다. 자신의 동기와 불만이 주관적일 뿐 정당성이 없을 때는 보스의 권위를 존중해 주는 자세 또한 중요하다.

라. 고라, 다단, 아비람은 모세와 아론의 지도력에 _____ 하였다.

민수기 16:1-35

고라, 다단, 아비람의 반항의 배후엔 무엇이 자리 잡고 있었는가?
_____
_____

고라, 다단, 아비람의 불순종의 결과들은 무엇이었는가?
_____
_____

 4 다윗의 권위에 대한 인식

사무엘상 16:1-13은 권위에 대해 무엇을 가르쳐 주는가?

_____

_____

가. 다윗은 사울이 아직 왕위에 있을 때 왕으로 기름 부음을 받았다.

사울은 이스라엘 백성의 첫 번째 왕이었으나 하나님께서 그를 거절하였고 예언자 사무엘을 보내어 다윗을 새로운 왕으로 기름 부었다. 그러나 사울은 여전히 왕위에 있었다. 다윗은 왕이 될 모든 권한을 가졌지만 그는 통치자로서 사울의 권위를 인정하였다.

나. 다음 성구들을 읽으라.

> **삼상 24:4-6** ⁴다윗의 사람들이 이르되 보소서 여호와께서 당신에게 이르시기를 내가 원수를 네 손에 넘기리니 네 생각에 좋은 대로 그에게 행하라 하시더니 이것이 그 날이니이다 하니 다윗이 일어나서 사울의 겉옷 자락을 가만히 베니라 ⁵그리 한 후에 사울의 옷자락 벰으로 말미암아 다윗의 마음이 찔려 ⁶자기 사람들에게 이르되 내가 손을 들어 여호와의 기름 부음을 받은 내 주를 치는 것은 여호와께서 금하시는 것이니 그는 여호와의 기름 부음을 받은 자가 됨이니라 하고
>
> **삼상 26:7-9, 11** ⁷다윗과 아비새가 밤에 그 백성에게 나아가 본즉 사울이 진영 가운데 누워 자고 창은 머리 곁 땅에 꽂혀 있고 아브넬과 백성들은 그를 둘러 누웠는지라 ⁸아비새가 다윗에게 이르되 하나님이 오늘 당신의 원수를 당신의 손에 넘기셨나이다 그러므로 청하오니 내가 창으로 그를 찔러서 단번에 땅에 꽂게 하소서 내가 그를 두 번씩 칠 것이 없으리이다 하니 ⁹다윗이 아비새에게 이르되 죽이지 말라 누구든지 손을 들어 여호와의 기름 부음 받은 자를 치면 죄가 없겠느냐 하고
> ¹¹내가 손을 들어 여호와의 기름 부음 받은 자를 치는 것을 여호와께서 금하시나니 너는 그의 머리 곁에 있는 창과 물병만 가지고 가자 하고

다. 다윗의 권위에 대한 인식에 대해 토론해 보라.

  사울은 여러 번 다윗을 _____ 시도했다. 반면에 다윗은 사울의 생명을 취할 기회가 많이 있었지만 _____ 했다. 심지어 다윗과 그의 사람들이 숨어 있는 바로 그 동굴 깊은 곳으로 사울이 들어왔을 때에도 다윗은 자기를 죽이려고 하는 사람의 생명을 취할 것을 거절했다.

  사울을 한 개인으로 어떻게 생각했는지에 상관없이 다윗은 사울을 이스라엘의 왕으로서 하나님께로부터 주어진 그의 권위를 존중하였다. 문제를 자신의 손으로 해결하기보다는 다윗은 하나님께서 사울을 왕위에서 물러나게 하시고 자신을 왕의 자리에 보낼 때까지 기다렸다. 그는 후에 자신이 왕이 되었을 때 권위를 발휘할 수 있도록 스스로 권위에 복종하는 것을 배웠다.

 **5 예수님의 순종**

가. 빌립보서 2:5-11을 읽으라.

> 빌 2:5-11 ⁵너희 안에 이 마음을 품으라 곧 그리스도 예수의 마음이니 ⁶그는 근본 하나님의 본체시나 하나님과 동등됨을 취할 것으로 여기지 아니하시고 ⁷오히려 자기를 비워 종의 형체를 가지사 사람들과 같이 되셨고 ⁸사람의 모양으로 나타나사 자기를 낮추시고 죽기까지 복종하셨으니 곧 십자가에 죽으심이라 ⁹이러므로 하나님이 그를 지극히 높여 모든 이름 위에 뛰어난 이름을 주사 ¹⁰하늘에 있는 자들과 땅에 있는 자들과 땅 아래에 있는 자들로 모든 무릎을 예수의 이름에 꿇게 하시고 ¹¹모든 입으로 예수 그리스도를 주라 시인하여 하나님 아버지께 영광을 돌리게 하셨느니라

위의 구절에 의하면 예수님은 어떻게 하셨는가?

_____

_____

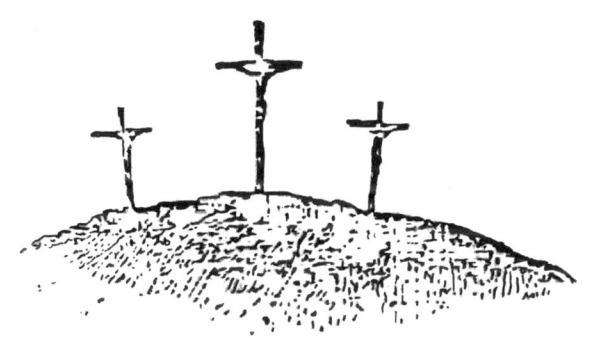

　　예수님은 삼위일체의 하나님 중 제2위이시며 하나님께 부여된 모든 영광, 명예, 특권을 가지고 계신 분이다. 그러나 그는 기꺼이 하나님 아버지께 순종할 것을 선택하셨다. 그는 하나님으로서의 특권을 잠시 동안 버리시고 순종과 겸손의 삶을 살기 위해 인간의 모습을 취하셨다. 또한 하나님 아버지의 권위에 순종하여 죄인 중 하나로서 멸시를 당하는 죽음에 자신을 기꺼이 내어 주셨다.

　　_____에 대한 _____의 으뜸가는 모범은 바로 예수 그리스도이시다.

나. 요한복음 8:28-29을 읽으라.

> 요 8:28-29 ²⁸이에 예수께서 이르시되 너희가 인자를 든 후에 내가 그인 줄을 알고 또 내가 스스로 아무 것도 하지 아니하고 오직 아버지께서 가르치신 대로 이런 것을 말하는 줄도 알리라 ²⁹나를 보내신 이가 나와 함께 하시도다 나는 항상 그가 기뻐하시는 일을 행하므로 나를 혼자 두지 아니하셨느니라

1) 위의 말씀에 따르면 예수님은 지상에 계실 때에 어떻게 하셨는가?

2) 하나님의 아들이 _____ 무엇을 하기보다는 하나님 아버지께 _____ 할진대 하물며 우리 믿는 자들은 얼마나 더 순종해야 할까!

3) 순종의 비결은 권위를 가진 자가 _____ 바를 행하는 것이다.

여기서 한 가지 분명히 해야 할 것은 '권위'와 '권위주의'는 구분되어야 한다는 것이다. 권위주의적인 사람은 권위를 잘못 오용, 악용하는 사람이다. 권위주의는 권력이나 지위를 가지고 상대방을 통제, 억압하는 도구로 사용하며 상대방을 인정해 주지 않는 것을 말한다. 권위주위는 모든 것이 하향식이다. 이것은 잘못된 것이므로 분별해야 한다. 또한 권위에 순종은 존중함으로, 자원함으로 해야 하는 것이 핵심이지 억지로 부담스럽게 징계가 두려워 의무감으로 하는 것이 아님을 기억해야 한다.

다. 히브리서 5:7-10을 읽으라.

> 히 5:7-10 ⁷그는 육체에 계실 때에 자기를 죽음에서 능히 구원하실 이에게 심한 통곡과 눈물로 간구와 소원을 올렸고 그의 경건하심으로 말미암아 들으심을 얻었느니라 ⁸그가 아들이시

면서도 받으신 고난으로 순종함을 배워서 ⁹온전하게 되셨은즉 자기에게 순종하는 모든 자에게 영원한 구원의 근원이 되시고 ¹⁰하나님께 멜기세덱의 반차를 따른 대제사장이라 칭하심을 받으셨느니라

1) 예수님은 어떻게 순종하셨는가?

하나님은 종종 우리가 좀 더 주님을 닮고 우리에게 순종을 가르치시기 위해 우리에게 고난을 허락하신다. 우리가 겪는 고난은 우리의 죄를 대속하신 주님의 것에 결코 비할 수 없다. 그러나 하나님께 대한 순종은 우리의 자존심, 안락, 재산의 희생을 때로 요구한다. 그것은 고통스럽고 심지어 위협적일 수도 있다.

2) 예수님은 고난을 통해 순종을 배우셨다.

6 실천 사항

당신의 일상생활에서 현재 당신에게 권위를 행사하고 있는 사람들과의 인간관계를 평가해 보라. 당신은 당신에게 권위를 행사하는 자가 기뻐하고 원하는 바를 행하고 있는가? 당신에게 적용되는 관계에 대해 각각 항목을 쓰고 (당신에게 해당되지 않는 항목은 생략하라) 부모, 남편, 고용주, 책임자, 교수, 교통법규, 간사님, 교사, 순장 등의 권위에 복종하는 당신의 태도와 행동을 서술해 보라. 어떤 부분이 향상되어야 하는가?

즉석 퀴즈

이름 : _____   점수 : _____ (100 점만점)

권위와 순종의 의미 발견하기

1. 모든 권위의 근원이 누구인가를 말하고 구체적인 성구를 인용하여 성경으로부터 어떻게 이 사실을 알 수 있는지를 설명하라.(25점)

2. 만약 우리에게 전혀 권위가 없다면 어떠한 결과들이 초래하게 되는지 다섯 가지를 말하라. (각각 5점씩, 25점)

3. 성경 속 인물들은 각기 어떤 식으로 하나님께 불순종하였으며 각각 그 결과는 어떠했는가? (각 6점씩, 24점)

　아담과 하와 -

　아론과 미리암 -

　고라, 다단, 아비람 -

4. 예수님은 하나님 아버지의 권위에 어떻게 복종하셨으며 우리는 권위에 복종하는 데 있어서 어떻게 예수님을 닮을 수 있나?(26점)

4과

좋은 질문하기
How to Ask Good Questions

- 개 관 목 적 -
좋은 질문 하는 것의 중요성을 알고 스스로 좋은 질문을 개발하는 것을 배운다.

학 습 목 표

이 강의가 끝날 때 당신은,

1. 좋은 질문의 8가지 목적을 말할 수 있다.
2. 네 가지 질문 유형을 정의하고 그 예들을 말할 수 있다.
3. 순모임에서 토의를 이끌 때 질문의 중요성과 가치를 설명할 수 있다.

 **1 서론**

가. 질문의 중요성

질문은 토의를 자극하고 깊게 하거나 그것의 방향을 급진적으로 바꿀 수 있다.

나. 그리스도의 모범

> 막 8:27-29 [27]예수와 제자들이 빌립보 가이사랴 여러 마을로 나가실새 길에서 제자들에게 물어 이르시되 사람들이 나를 누구라고 하느냐 [28]제자들이 여짜와 이르되 세례 요한이라 하고 더러는 엘리야, 더러는 선지자 중의 하나라 하나이다 [29]또 물으시되 너희는 나를 누구라 하느냐 베드로가 대답하여 이르되 주는 그리스도시니이다 하매

예수님은 "사람들이 나를 누구라 하느냐?"와 "그러면 너희는 나를 누구라 하느냐?" 하는 질문을 효과적으로 하셨다. 이것은 제자들이 주님의 신분에 관한 결론에 이르는데 도움을 주었다. 예수님은 끊임없이 그의 사역에서 질문을 사용하셨다.

 **2 좋은 질문의 목적**

좋은 질문의 목적은 무엇인가?

가. _____를 유발한다.

나. 순원들의 _____를 촉진시킨다.

다. 순원이 얻은 지식을 _____ 한다.

라. 학습과정에 기여한다.

마. 순을 원 주제로 돌아가게 한다.

바. _____에 도달하게 한다.

사. 확신을 갖게 한다.

아. 삶을 변화시키도록 성경적인 _____을 적용하게 한다.

좋은 질문은 순장이 순원들을 결론에 도달하게 하고 그 결론을 확신하고 적용할 수 있도록 순원들을 인도하는 분위기를 조성하는데 매우 유용하다.

 **네 가지 질문 유형**

가. 유도형 질문

　1) 정의 : 유도형 질문은 교사가 기대하는 답을 _____.

　2) 실례
　　"바울은 우리에게 항상 기뻐하라고 합니다. 그렇지 않습니까?"
　　"예"
　　"확실히 여러분은 그것을 믿지 않습니다. 그렇죠?"
　　"예"(믿지 않습니다)

　3) 토의 인도에서의 가치
　　_____ : 유도형 질문은 생각을 자극하지도 영향을 주지도 않는다.
　　　　　　　그것은 토의를 약화시킨다.

나. 제한형 질문

1) 정의 : 제한형 질문은 순장에 의해 요구되는 생각이나 특별한 항목에 순원의 생각을 _____.

2) 실례
"이 장에서 세 가지 중요한 사실은 무엇입니까?"
순원들은 자신이 생각하는 것이 아니라 당신이 생각하는 것을 찾게 된다.

3) 토의 인도에서의 가치 : _____
당신이 마음속에 정확한 답을 가지고 있다는 것을 모든 사람이 알고 있다. 토의를 격려하는 대신 당신은 독심술 시합을 시작하는 셈이다. 이런 제한형 질문보다는 "이 장에서 당신이 발견한 중요한 사실은 어떤 것입니까?" 라고 묻는 것이 더 나을 것이다. 그렇게 되면 그것은 개방형 질문이다.

4) 예외
"그것에 동의하는가?"
"예" 혹은 "아니오"

5) 예외에 대한 토의 인도에서의 가치 : _____
제한형 질문은 결정을 요구한다. 그러나 약간의 가치를 가진다 할지라도 당신이 더 토의를 격려하려면 이 질문은 개방형이나 확대 개방형 질문 뒤에 해야 한다.

다. 개방형 질문

1) 정의 : 개방형 질문은 원인, 이유, 장소, 조건, 결과 등 감정을 제한하지 않고 _____ _____ 대답을 요구한다.

개방형 질문은 '누가, 언제, 어디서, 왜, 어떻게'와 같은 의문대명사를 효과적으로 사용할 수 있지만 '무엇을' 이라는 질문으로 보통 시작한다.

2) 실례
"이것을 우리 생활에 적용하는 방법에는 무엇이 있는가?"
각자 생각하는 다양한 적용들을 나누게 된다.

"성령충만한 결과에는 무엇이 있는가?"
결과들을 나누게 된다.

"바울의 제자에는 누가 있었는가?"
제자들의 명단을 이야기한다.

"예수님께서 기도하신 때는 언제였습니까?"
시간들에 대해 각자 아는 바를 토론한다.

"경건의 시간을 갖기 좋은 장소는 어디입니까?"
장소들에 대해 나눈다.

위의 질문들은 당신이 찾으려는 몇 개의 가능한 답을 포함하도록 복수형으로 되어 있음을 발견할 것이다. 이러한 질문은 순원들을 제한하기보다는 생각을 북돋워 준다.

질문: "바울의 수제자는 누구였습니까?"
이것은 어떠한 형태의 질문인가? _____

이 질문을 개방형 질문으로 바꾸어 보라 :

_____

_____

3) 토의 인도에서의 가치 : _____
개방형 질문은 발견, 이해 혹은 적용을 격려한다. 이런 유형의 질문을 함으로 당신이 찾고자 하는 답이 여러 개일 수도 있다는 것을 암시한다. 따라서 자유로운 발견을 허용하는 것이다.

라. 확대개방형 질문

1) 정의 : 확대개방형 질문은 모임의 한사람이 질문에 답하거나 자신의 _____을 말한 _____ 나머지 순원으로 토의하게 한다.

2) 실례

"그것에 관해 어떻게 생각하는가?"
"다른 분들은 어떻게 생각하는가?"
"그밖에 다른 사람은 어떻게 생각하는가?"
"또 다른 의견은?"

3) 토의 인도에서의 가치 : ＿＿＿＿＿＿＿

확대개방형 질문은 생각과 토의를 격려한다. 그것은 개방형 질문의 답이 있은 직후 가장 잘 사용된다.

어떻게 서로 개방형, 확대개방형 질문을 하는가를 설명하기 위해 성경에서 빌립보서 4:5을 보자

빌 4:5 너희 관용을 모든 사람에게 알게 하라 주께서 가까우시니라

참고: '관용'은 상황에 관계된 내적 자질, 온유, 보복하지 않는 정신 등을 말한다. 이런 것은 쉽게 드러나지 않는다. 그러나 성경에서는 이러한 관용을 다른 사람이 알도록 상황이 발생할 때에 온유함과 겸손함과 용서함으로 반응하라고 가르친다. 이유는 주님께서 곧 오실 것이기 때문이다.

개방형 질문을 만들어 보라 :

확대개방형 질문을 만들어 보라 :

👍 4 실천사항 : 로마서 12:1-2을 읽고 다음의 질문유형들을 개발하라.

1) 제한형 질문 하나
2) 개방형 질문 두 개
3) 확대개방형 질문 두 개

제한형 질문

개방형 질문
1.
2.

확대개방형 질문

1.
2.

자기점검

1. 네 가지 질문 유형과 토의 인도에서의 각각 유형에서의 가치를 기록하라.

　ㄱ. 유도형 -

　ㄴ. 제한형 -

　ㄷ. 개방형 -

　ㄹ. 확대 개방형 -

옳은 것에 O표하라.

2. 유도형 질문은 강의 / 토의 에서 가장 유용하다.

3. 맞음 / 틀림 : 확대개방형 질문은 개방형 질문이나 강한 의견 다음에 매우 잘 사용된다.

4. 맞음 / 틀림 : 다음은 개방형 질문의 예이다 : "하나님께서 가인의 제물을 열납하지 않으신 이유는 무엇인가?"

5과

화목의 통로

- 개 관 목 적 -
그리스도의 대사라는 영적 관점을 가지게 함으로써 화목하게 하는 직책을
실행하도록 동기부여한다.

학 습 목 표

이 강의가 끝날 때 당신은,

1. 사람들에 대한 바울의 관점을 설명할 수 있다.
2. 영적 관점을 가짐으로써 우리의 삶에 영향을 끼치는 몇 가지의 길을 열거할 수 있다.
3. 그리스도의 대사로서 화목하게 하는 직책을 가진다는 것의 의미를 설명할 수 있다.

한 사람의 삶이 다른 사람들에게 어떻게 영향을 미칠 수 있는가를
깨닫는 것보다 더 중요한 일은 없다.

👍 1 한 의사와 그의 조수 이야기

수백만 명의 목숨을 빼앗아 간 전염병의 치료법을 발견하기 위해 전 생애를 바친 의사가 있었다. 다른 많은 사람들도 그 치료법을 알기 위해 연구했으나 이 의사는 그들과는 아주 다른 방법을 사용했다. 그들은 자주 이 의사와 그의 특이한 연구 방법을 비웃곤 했다. 마침내 그의 말년에 그는 치료법을 발견하게 되었다! 그러나 이 특이하고도 단순한 방법이 실제적인 치료법임을 사람들에게 납득시켜야 하는 과업이 남아 있었다. 하지만 그에게는 그 일을 감당할 만한 시간과 힘이 없었다. 이 늙은 의사는 그의 젊은 조수에게 "자네가 이 큰 임무를 수행해야 할 유일한 사람이네."라고 말해주었다. 그 외에는 아무도 없었다. 젊은 조수는 이 임무에 대한 큰 특권과 두려운 책임감으로 압도되었다.

가. 이 임무가 젊은 조수에게 그와 같이 큰 특권이 된 이유는 무엇인가?

_____

_____

나. 젊은 조수가 이 임무에 대해 두려운 책임감을 갖게 된 이유는 무엇인가?

_____

_____

다. 이 이야기가 그리스도인의 삶에 어떻게 적용되겠는가?

_____

_____

2 바울의 영적 관점

고린도후서는 AD 56년경 바울이 고린도 교회에 보낸 편지이다. 처음 일곱 장에서 바울은 그리스도의 충성스러운 종이 되도록 믿는 자들을 권고하고 있으며, 개인 사역에 대한 생각들도 기록하고 있다. 고린도후서 5장은 특별히 다른 사람에게 그리스도를 나타내는 것에 대해 그가 가진 영적 관점을 다루고 있다.

바울이 자신에게 맡겨진 두려운 일들에 대해 가졌던 관점을 살펴보자.

고후 5:1-10 ¹만일 땅에 있는 우리의 장막 집이 무너지면 하나님께서 지으신 집 곧 손으로 지은 것이 아니요 하늘에 있는 영원한 집이 우리에게 있는 줄 아느니라 ²참으로 우리가 여기 있어 탄식하며 하늘로부터 오는 우리 처소로 덧입기를 간절히 사모하노라 ³이렇게 입음은 우리가 벗은 자들로 발견되지 않으려 함이라 ⁴참으로 이 장막에 있는 우리가 짐진 것 같이 탄식하는 것은 벗고자 함이 아니요 오히려 덧입고자 함이니 죽을 것이 생명에 삼킨 바 되게 하려 함이라 ⁵곧 이것을 우리에게 이루게 하시고 보증으로 성령을 우리에게 주신 이는 하나님이시니라 ⁶그러므로 우리가 항상 담대하여 몸으로 있을 때에는 주와 따로 있는 줄을 아노니 ⁷이는 우리가 믿음으로 행하고 보는 것으로 행하지 아니함이로라 ⁸우리가 담대하여 원하는 바는 차라리 몸을 떠나 주와 함께 있는 그것이라 ⁹그런즉 우리는 몸으로 있든지 떠나든지 주를 기쁘시게 하는 자가 되기를 힘쓰노라 ¹⁰이는 우리가 다 반드시 그리스도의 심판대 앞에 나타나게 되어 각각 선악간에 그 몸으로 행한 것을 따라 받으려 함이라

가. 고린도후서 5:1-10에 나타난 대로 바울이 절실하게 소원했던 것은 무엇인가?

나. 바울이 이러한 소원을 성취하기 위해 계획한 것들은 무엇인가?

바울의 절실한 소원은 그가 가졌던 영적 관점에 의해 지배되었던 것이 분명하다. 그러면 이것이 다른 사람들에 대한 그의 관점에는 어떠한 영향을 미쳤는지 살펴보자.

👍 3 사람들에 대한 바울의 관점과 그 결과

고후 5:11-17 ¹¹우리는 주의 두려우심을 알므로 사람들을 권면하거니와 우리가 하나님 앞에 알리어졌으니 또 너희의 양심에도 알리어지기를 바라노라 ¹²우리가 다시 너희에게 자천하는 것이 아니요 오직 우리로 말미암아 자랑할 기회를 너희에게 주어 마음으로 하지 않고 외모로 자랑하는 자들에게 대답하게 하려 하는 것이라 ¹³우리가 만일 미쳤어도 하나님을 위한 것이요 정신이 온전하여도 너희를 위한 것이니 ¹⁴그리스도의 사랑이 우리를 강권하시는도다 우리가 생각하건대 한 사람이 모든 사람을 대신하여 죽었은즉 모든 사람이 죽은 것이라 ¹⁵그가 모든 사람을 대신하여 죽으심은 살아 있는 자들로 하여금 다시는 그들 자신을 위하여 살지 않고 오직 그들을 대신하여 죽었다가 다시 살아나신 이를 위하여 살게 하려 함이라 ¹⁶그러므로 우리가 이제부터는 어떤 사람도 육신을 따라 알지 아니하노라 비록 우리가 그리스도도 육신을 따라 알았으나 이제부터는 그같이 알지 아니하노라 ¹⁷그런즉 누구든지 그리스도 안에 있으면 새로운 피조물이라 이전 것은 지나갔으니 보라 새 것이 되었도다

가. 모든 사람들이 결국은 하나님 앞에 알려질 것(심판대에 서는 것)이라는 바울의 믿음은 그의 행동에 어떤 영향을 미쳤는가? (11절)

나. 이 구절에서 바울에게 행동하도록 동기를 준 다른 것들은 무엇인가?

다. 이러한 영적 관점은 사람들에 대한 바울의 생각에 어떠한 영향을 주었는가?

라. 사람들에 대해 우리가 영적 관점을 가지지 않는다면 우리의 삶은 어떠한 영향을 받게 되는가?

 4 그리스도의 대사로서 화목하게 하는 우리의 직책

고후 5:18-21 ¹⁸모든 것이 하나님께로서 났으며 그가 그리스도로 말미암아 우리를 자기와 화목하게 하시고 또 우리에게 화목하게 하는 직분을 주셨으니 ¹⁹곧 하나님께서 그리스도 안에 계시사 세상을 자기와 화목하게 하시며 그들의 죄를 그들에게 돌리지 아니하시고 화목하게 하는 말씀을 우리에게 부탁하셨느니라 ²⁰그러므로 우리가 그리스도를 대신하여 사신이 되어 하나님이 우리를 통하여 너희를 권면하시는 것 같이 그리스도를 대신하여 간청하노니 너희는 하나님과 화목하라 ²¹하나님이 죄를 알지도 못하신 이를 우리를 대신하여 죄로 삼으신 것은 우리로 하여금 그 안에서 하나님의 의가 되게 하려 하심이라

가. 18, 19절에 의하면, 화목하게 하는 직책이란 무엇을 의미하는가?

참고: 화목하게 함이란 다시 친하게 만드는 것, 조화를 이루도록 하는 것을 의미한다.

나. 대사의 실제적인 임무는 무엇인가?

참고: 대사란 한 나라 혹은 한 정부를 대신하기 위해 임명된 높은 계층의 외교 대리인이다.

다. 대사의 실제적인 임무는 무엇인가?

라. 16절에 나타난 바울의 영적 관점에 비추어, 당신이 아는 사람 중에서 '모든 것을 가졌으되' 그리스도를 알지 못하는 사람이 있는가?

마. 바울은 이런 사람들을 어떻게 생각했는가?

바. 당신의 삶 속에 계신 주님을 다른 사람에게 전하기 위해 이 주간에 당신이 할 수 있는 일은 무엇인가?

 실천 사항

당신이 전도하려는 사람들의 명단을 만들고, 그들을 접촉하기 위한 방법을 결정하라.

6과

독신기간 멋지게 살기

- 개 관 목 적 -

당신으로 하여금 독신기간에 대한 하나님의 관점을 발견하고 그 기간을 최대한 사용하는 방법을 배우고자 하는 데 있다.

학 습 목 표

이 강의가 끝날 때 당신은,

1. 독신기간에 대한 하나님의 관점을 개발할 수 있다.
2. 한 개인으로서 최대의 잠재력에 도달하도록 어떻게 자신을 개발할 수 있는지를 배울 수 있다.
3. 하나님이 당신의 독신기간을 최대의 봉사기간으로 사용하시는 방법을 알 수 있다.

 **1 서론**

가. 독신이든 아니든 누구든 하나님의 뜻대로 살게 될 때 그는 전폭적으로 _____을 받게 될 것이다.

  1) 사 16:11 "주께서 생명의 길로 내게 보이시리니 주의 앞에는 기쁨이 충만하고 주의 우편에는 영원한 즐거움이 있나이다"

  2) 골 2:10 "너희도 그 안에서 충만하여 졌으니…"

  3) 빌 4:19 "나의 하나님이 그리스도 예수 안에서 영광 가운데 그 풍성한 대로 너희 모든 쓸 것을 채우시리라"

나. 남자의 기본적인 욕구(basic needs)에는 어떤 것들이 있는가?

다. 여자의 기본적인 욕구욕구에는 어떤 것들이 있는가?

1) 가끔 사람들의 _____ 욕구(real need)와 _____ 욕구(felt need)에는 차이가 있다. 결혼의 경우 이 현상은 특별히 남자보다는 여자에 더 많이 일어난다고 한다. 하루는 결혼하고 싶은 욕구를 느끼고 다음날 아침에는 결혼하고 싶은 생각이 사라진다. 독신인 여성이 결혼하고 싶은 욕구를 일으켰을 때 그것은 그녀의 실제 욕구를 의미하지 않는다. 그녀의 실제 욕구는 안정을 가지려는 것이다. 어느 날 한 부인이 자신의 우둔한 모습에 지루함을 느낀다. 다음날 그녀는 예쁜 자신의 모습에 활기 있는 느낌을 갖는다. 이렇게 지루한 날에 그녀의 실제 욕구는 예쁘게 되는 것이 아니라 오히려 그녀의 방법대로 인정받고 사랑받는 것이다.

2) 사람이 욕구(need)를 가졌다는 이유만으로 _____(Unspiritual)는 느낌을 가질 필요는 없다. 그리스도인들은 오히려 이러한 욕구에 관해 알고, 그것을 무시하지 않고 하나님이 채우시도록 그분께 이러한 욕구를 드리는 법을 배우는 것이 필요하다.

3) 이러한 필요들을 그리스도께서 충족시켜 주실 것을 믿는 것이 오히려 _____, _____ 사람이 되게 해 줄 것이다. 그는 다른 사람들보다 하나님이 그의 욕구를 채우실 것을 기대하기 때문에 만족을 사람에게서 찾지 않고 하나님께 채움 받는다. 그 결과 다른 사람들에게 베푸는 것에 대해 더 자유로우며 다른 사람들에게 더 관대해 질 수 있다.

4) 대학생들인 경우에는 아직 학생신분이고 결혼 적령기가 아님으로 '독신'에 대한 개념이 의아할 것이다. 그러나 대학생 기간 중에도 결혼을 생각하거나 결혼을 염두에 둔 사귐도 많이 일어남으로 결혼 전의 기간을 어떻게 보낼 것인가를 생각하는 것은 중요하다. 이 기간 중에 순모임과 순장모임 지구모임 철야 리트릿과 여러 모임들을 통해 서로를 격려하고 서로의 필요를 채울 수 있다.

다. 하나님은 어느 면에서는 우리 모두를 독신으로 부르셨다. 그것은 우리의 삶과 행위와 마음과 중심과 영혼이 우리를 존재할 수 있게 하시는 하나님께만 향해 있을 수 있는 순전함을 의미한다.

👍 2 독신기간을 가치있게 보내기

가. 그리스도와 ＿＿＿＿＿＿를 확립하고 당신의 독신 기간에 하나님의 ＿＿＿을 유지하라.

1) 사영리의 ＿＿＿＿＿를 믿으라. 하나님은 당신을 사랑하시며 당신을 위한 놀라운 계획을 가지고 계신다.

2) 당신 삶의 ＿＿＿＿＿을 목록으로 만들라. 하나님께서 그것들을 하나님의 순서와 시간에 이루시게 하라. 당신이 이러한 목표를 성취할 수 있도록 하나님이 당신에게 한 계획을 주실 것을 믿으라.

3) ＿＿＿＿＿＿＿＿ 신뢰하는 법을 배우라. 당신의 생애에서 하나님 한분과만 함께 있을 시간이 없는 것처럼 오로지(고전 7:35) 하나님 한 분만을 신뢰하는 법을 배우라.

> 고전 7:35 내가 이것을 말함은 너희의 유익을 위함이요 너희에게 올무를 놓으려 함이 아니니 오직 너희로 하여금 이치에 합당하게 하여 흐트러짐이 없이 주를 섬기게 하려 함이라

4) 그리스도의 재림이 ＿＿＿＿＿ 세상에서 당신의 인생이 ＿＿＿＿＿을 아는 지식을 가지고 성령 충만한 사람으로 살아가라.

5) 우리가 살고 있는 시대의 _____ 을 항상 잊지 말라.(딤후 4:2) 영원한 관점을 개발하라.

> 딤후 4:2 너는 말씀을 전파하라 때를 얻든지 못 얻든지 항상 힘쓰라 범사에 오래 참음과 가르침으로 경책하며 경계하며 권하라

6) 시편 84:11을 기억하라. "정직하게 행하는 자에게 좋은 것을 아끼지 아니하실 것임이니이다" 혼자 사는 것에 대해 초조해 하는 것은 이 말씀을 믿지 않는 것이며 "만군의 여호와여, 주께 의지하는(주를 알고 믿으며 모든 것을 맡기고, 신뢰로 주를 기다리며 두려움이나 의심이 없는) 자는 복이 있나이다"(12절)라는 말씀대로 행동하지 않는 것이다.

7) 모든 순간을 _____ 하게 살라. 아브라함 링컨은 "우리들 대부분이 살기 위해 항상 준비하지만 결코 현실을 살지 못한다."라고 말했다.

8) "여호와께서 사람의 걸음을 정하시고 그 길을 기뻐하시나니"(시 37:23) 라는 말씀을 담대하게 믿으라. 올바른 관점의 요점은 순간순간 _____ 하나님의 뜻을 바라는 것이다.

9) 독신 기간에 이해심 많은 사람으로서 그리스도를 의지하라. 자기 연민을 주의하라. 그것은 당신을 위한 최선이 무엇인지를 알고 계신 하나님을 믿지 않는 것이다.

10) _____ 이 외로움을 감소시켜 주는 것을 보장하지 않으며 또 완전한 행복을 보장하는 것이 아님을 기억하라. 이러한 것들은 그리스도로부터 오는 것이다.

나. 당신의 독신기간에 _____를 하라.

1) 당신의 인생에서 _____ 시간을 투자하여 다른 사람을 그리스도께 인도하며 그들을 주님의 제자로 훈련시키는 데에 집중할 수 있음에 _____ 하라. 왜냐하면 가족에 대한 책임이 없기 때문이다. 어디서 어떻게든 하나님께서 당신을 쓰실 수 있게 하라.(고전 7:32-35)

> 고전 7:32-35 ³²너희가 염려 없기를 원하노라 장가 가지 않은 자는 주의 일을 염려하여 어찌 하여야 주를 기쁘시게 할까 하되 ³³장가 간 자는 세상 일을 염려하여 어찌하여야 아내를 기쁘게 할까 하여 ³⁴마음이 갈라지며 시집 가지 않은 자와 처녀는 주의 일을 염려하여 몸과 영을 다 거룩하게 하려 하되 시집 간 자는 세상 일을 염려하여 어찌하여야 남편을 기쁘게 할까 하느니라 ³⁵내가 이것을 말함은 너희의 유익을 위함이요 너희에게 올무를 놓으려 함이 아니니 오직 너희로 하여금 이치에 합당하게 하여 흐트러짐이 없이 주를 섬기게 하려 함이라

사도바울이 결혼의 의무를 반대한 것은 아니다. 예수님이 오실 때가 "단축하여진 고로"(고전 7:29) 인생의 우선순위를 '흐트러짐이 없이 주를 섬기는 일'에 전념해야 함을 가르친 것이다. 그럴 때에 독신들이 결혼한 자들보다는 주님을 섬기기에 훨씬 더 유리하다는 것을 지적한 것이다. 결혼한 자들은 독신들보다 더 힘을 많이 들여야 독신들만큼 주님을 섬길 수 있다. 이것이 독신의 특권인 것이다. 독신들은 이 특권을 다른 곳에 사용치 않도록 주의해야 한다.

2) 하나님의 꿈으로 _____을 꾸라. 하나님께서 그리스도의 생(生)을 어떻게 사용하셨는지를 생각해 보라.

> 히 4:15 우리에게 있는 대제사장은 우리의 연약함을 동정하지 못하실 이가 아니요…

3) 하나님이 당신에게 꿈과 계획을 주신다면, 결혼은 하나님의 꿈에 영향을 미치지 않을 것이다. 결혼이 하나님 계획의 일부라면 그것은 그 계획의 적당한 위치에 자리하게 될 것이다.

4) 사도 _____ 역시 독신이었음을 기억하라. 활기 있는 생활을 하라. 유혹은 한가할 때 온다. 당신의 마음과 중심이 하나님보다 오히려 당신 자신과 당신의 욕망으로 채워질 때 불행하게 된다.

다. 독신 기간에 한 개인으로서 자신을 _____ 시키라.

1) 다른 어떤 때보다 지금이 개인으로서 성장할 수 있는 많은 기회를 갖게 된다는 사실을 믿으라.

2) 독신기간에 당신의 전반적인 부분을 성장시키라. 당신 생애에 영향을 줄 수 있으며 당신도 영향을 끼칠 사람을 개인적으로 알아가기를 힘쓰라. 당신의 창조적인 능력과 재능을 사용하여 하나님께 영광을 돌리라.

3) 당신의 관점을 유지하라. 동성의 사람들과 건전한 관계를 발전시키라.

4) 독신기간에 접대하는 일에 힘쓰라. 학생들뿐 아니라 당신의 동년배들, 부부들, 친척들을 초대하라. 학생인 경우 특히 일생동안 함께 할 믿음의 친구들과 기도 친구들과의 관계를 돈독히 하라.

5) 당신의 독신기간 동안 _____ 하는 것을 배우라. 한 사람을 위해 일을 조직적으로 하지 못할 때 두 사람을 위해 일을 조직적으로 한다는 것은 쉽지 않다.

6) 결혼한 부부가 시간을 함께 갖는다는 것은 재미있는 일만 하는 것이 아니다. 성공적인 결혼을 위해서는 시간이 필요하다. 부부는 대화가 필요하며 그것은 시간이 걸린다.

결혼 전 다른 사람과 관계를 잘 맺는 것은 앞으로의 부부생활에도 많은 도움이 됨을 기억하라.

라. 언젠가 하나님께서 _____ 배우자를 위해 준비하라.

1) 결혼을 당신의 사역만큼 특별한 소명으로 생각하라. 당신은 결혼하도록 미래에 부름 받을 수도 있다. 그러나 당신의 만족이 미래의 갈망이 아니라 현재 경험이어야 한다.

2) 하나님께서 당신을 위해 어떤 사람을 예비하고 계신다는 사실을 알라 (지구상에 그 사람이 없다면, 그때는 하나님 자신이 그분이시다).

3) 하나님을 위해 그리고 언젠가 당신의 일생을 함께 나눌 사람을 위해 몸의 _____ 과 _____ 을 지키라.(히 13:4)

> 히 13:4 모든 사람은 결혼을 귀히 여기고 침소(marriage bed)를 더럽히지 않게 하라 음행하는 자들(adulterer)과 간음하는 자(all the sexually immoral)들을 하나님이 심판하시리라

4) 하나님의 선택을 기다리기로 _____을 하면 어떤 사람이 당신에게 사랑을 나타낼 때 쉽게 흔들리지 않을 것이다(예:기독교인이 아닌 자).

5) 당신의 관점을 지키라. 혼자 사는 것에 대한 지나친 염려는 결혼해야 한다거나 또는 배우자를 얻어야 한다는 세상의 압력에서 온다. 그리스도 안에서 당신은 완전하다는 사실을 알라. 결혼이 당신의 궁극적인 목표가 아니며, 모든 아픔들에 대한 만병통치약도 아니다.

6) 가족을 포함하여 당신 주변의 모든 이성들과의 _____을 소중히 여기라. 그들과 즐거운 시간을 가지면서 그들을 알도록 하라.

7) 남편 혹은 아내를 찾는 것만을 목표로 하는 우를 범하지 말라. 오히려 기회가 될 때마다 자연스럽게 찾으라. 빌립보서 4:11의 성경적인 원리를 적용하라: "…어떤 형편에든지 내가 자족하기를 배웠노라" 현재에도 만족할 줄 아는 것을 배우라.

8) 하나님이 선택하신 배우자를 기다리는 올바른 마음을 지킴으로써 혼자 사는 다른 사람들에게 _____가 되라. 이 문제를 주님 앞에서 해결하라. 그리고 결혼에 관한 생각들 혹은 이성문제가 다시 떠오를 때, 그것들을 다시 해결하라. 계속하여 그것들을 해결하라. 당신의 욕망들에 대해 하나님께 감사하라.

9) 당신의 _____를 발전시키라. 당신이 결혼할 때 매력적인 외모보다 더 많은 것들을 배우자에게 제공하고 싶을 것이다. 매력적인 사람을 찾는 것보다 더 중요한 것은 나 자신이 지적으로, 내면적으로, 영적으로, 도덕적으로 매력적인 사람으로 준비되는 것이다.

10) 당신의 자녀들을 위해 훌륭한 부모가 되기 위해 준비하라. 사무엘과 같은 한 아이를 키우기 위해 그 어머니는 20년이나 준비했다. 그가 태어나기 20년 전 부터 그의 훈련은 시작된 것이다. 현재에 충실한 것이 미래 결혼생활의 성공의 열쇠임을 기억하라.

마. _____하는 것을 통해 하나님의 관점을 가지라.

1) 아래의 말씀들을 보고 하나님이 그 말씀들을 통해 당신에게 말씀하고 계시는 것을 적으라.

2) 이 말씀들이 당신 인생에서 실제가 되도록 하나님께 기도하라.

3) "사랑은 주기 위해서도 기다릴 수 있다. 욕망은 얻기 위해서 결코 기다릴 수 없다." (빌 고나드)는 말을 기억하라.

(1) 안정

마 6:33-34 ³³그런즉 너희는 먼저 그의 나라와 그의 의를 구하라 그리하면 이 모든 것을 너희에게 더하시리라 ³⁴그러므로 내일 일을 위하여 염려하지 말라 내일 일은 내일이 염려할 것이요 한 날의 괴로움은 그 날로 족하니라

벧전 5:7 너희 염려를 다 주께 맡기라 이는 그가 너희를 돌보심이라

고전 10:13 사람이 감당할 시험 밖에는 너희가 당한 것이 없나니 오직 하나님은 미쁘사 너희가 감당하지 못할 시험 당함을 허락하지 아니하시고 시험 당할 즈음에 또한 피할 길을 내사 너희로 능히 감당하게 하시느니라

(2) 사랑

이 구절에 의하면 당신을 사랑하는 사람은 누구인가?

시 43:5

> **시 43:5** 내 영혼아 네가 어찌하여 낙심하며 어찌하여 내 속에서 불안해 하는가 너는 하나님께 소망을 두라 그가 나타나 도우심으로 말미암아 내 하나님을 여전히 찬송하리로다"

갈 2:20

> **갈 2:20** 내가 그리스도와 함께 십자가에 못 박혔나니 그런즉 이제는 내가 사는 것이 아니요 오직 내 안에 그리스도께서 사시는 것이라 이제 내가 육체 가운데 사는 것은 나를 사랑하사 나를 위하여 자기 자신을 버리신 하나님의 아들을 믿는 믿음 안에서 사는 것이라

우리에 대한 하나님의 사랑은 무조건적이다. 고전 13장에 있는 당신을 위한 하나님의 사랑의 깊이를 주의하여 읽으라. 당신의 이름을 넣어 읽어보라.

(3) 평안

평안은 두려움과 불화로부터의 자유로움이다. 아래의 말씀들이 당신에게 어떻게 평안을 주는가?

빌 4:8-9

> **빌 4:8-9** ⁹끝으로 형제들아 무엇에든지 참되며 무엇에든지 경건하며 무엇에든지 옳으며 무엇에든지 정결하며 무엇에든지 사랑 받을 만하며 무엇에든지 칭찬 받을 만하며 무슨 덕이 있든지 무슨 기림이 있든지 이것들을 생각하라 ¹⁰너희는 내게 배우고 받고 듣고 본 바를 행하라 그리하면 평강의 하나님이 너희와 함께 계시리라

시 84:11

시 84:11 여호와 하나님은 해요 방패이시라 여호와께서 은혜와 영화를 주시며 정직하게 행하는 자에게 좋은 것을 아끼지 아니하실 것임이니이다

마 6:30

마 6:30 오늘 있다가 내일 아궁이에 던져지는 들풀도 하나님이 이렇게 입히시거든 하물며 너희일까보냐 믿음이 작은 자들아

잠 3:5-6

잠 3:5-6 ⁵너는 마음을 다하여 여호와를 신뢰하고 네 명철을 의지하지 말라 ⁶너는 범사에 그를 인정하라 그리하면 네 길을 지도하시리라

(4) 교제
히브리서 13:5에서 그리스도가 약속하신 것은 무엇인가?

히 13:5 돈을 사랑하지 말고 있는 바를 족한 줄로 알라 그가 친히 말씀하시기를 내가 결코 너희를 버리지 아니하고 너희를 떠나지 아니하리라 하셨느니라

한 부인이 자신이 혼자이고 외롭다는 것을 느끼게 되었다. 그녀는 자기 연민에 빠지는 대신 주님과의 만남을 갖기로 결심했다. 그녀는 말씀을 읽을 때 그녀의 필요를

채워 주시고 그녀에게 말씀해 주시도록 하나님께 기도했다. 그녀는 성경을 펼쳐서 스바냐 3:17을 읽었다. 무슨 말씀인가?

_____

_____

습 3:17 너의 하나님 여호와가 너의 가운데에 계시니 그는 구원을 베푸실 전능자이시라 그가 너로 말미암아 기쁨을 이기지 못하시며 너를 잠잠히 사랑하시며 너로 말미암아 즐거이 부르며 기뻐하시리라 하리라

히브리서 10:24-25은 무엇을 암시하고 있는가?

_____

_____

히 10:24-25 ²⁴서로 돌아보아 사랑과 선행을 격려하며 ²⁵모이기를 폐하는 어떤 사람들의 습관과 같이 하지 말고 오직 권하여 그 날이 가까움을 볼수록 더욱 그리하자

독신인 여자가 가끔 외로워질 때, 그녀는 스스로에게 말한다. "만일 내가 남자친구를 가졌다면" 혹은 "내가 결혼했다면…" 빌립보서 4:11은 이것에 관해 어떻게 말하고 있는가?

_____

_____

빌 4:11 내가 궁핍하므로 말하는 것이 아니니라 어떠한 형편에든지 나는 자족하기를 배웠노니

당신이 외로움에 대처할 수 있는 창조적인 방법은 무엇인가? 독신인 처녀는 결혼이 보상이 아니라 소명이며, 그러므로 결혼한 사람이 혼자 될 수도 있고 독신인 사람이 결혼할 수도 있다는 사실을 기억해야 한다. 결혼서약이 모든 문제들과 외로움을 꼭 소멸시키지는 않는다.

순결서약서

나는 이 순간부터 결혼의 존엄성(honor)을 지키고
결혼의 순결(purity)을 유지하기 위해
몸의 순결과 거룩을 지키기로 하나님 앞에 맹세하며
이에 서약의 서명을 합니다.

이름 _____

날짜 _____

서명 _____

룸메이트와 살아남기

- 개 관 목 적 -

당신으로 하여금 룸메이트와 서로의 차이점을 배워 적응하며 서로를 보완해주고
이것이 사역에 있어 얼마나 효과적인가를 배우게 하는데 있다.
이 과는 룸메이트 뿐 아니라 모든 인간관계에 필요한 원리를 제공해 줄 수 있다.

학 습 목 표

이 강의가 끝날 때 당신은,

1. 교제의 기초가 되는 지침들을 결정지을 수 있다.
2. 서로 이해하기 위해 서로간의 차이점들에 적응할 수 있게 된다.
3. 조화로운 교제가 이루어졌을 때 각 룸메이트가 서로에게 어떻게 보완해 줄 수 있는가를 발견할 수 있다.
4. 행복한 생활의 정돈이 삶과 사역에 있어서 얼마나 큰 만족을 주며 효과적인가를 발견할 수 있다.

👍 1 타인과 살아가는데 필요한 지침들

이 과는 독신으로서 룸메이트가 있거나 대학생들이 기숙사나 사랑방에서 룸메이트와 함께 살 때의 영적 원리를 다룬다. 이것을 잘 숙지하면 결혼 후 배우자와의 관계에서도 적용할 수 있으며 도움을 받을 수 있다. 다른 사람과 함께 살아가는 기본 원리이기 때문이다.

가. 교제의 원리를 확립하라.

1) 훌륭한 룸메이트와의 교제를 위해 다음 구절들을 적용하라.

빌 2:1-8 [1]그러므로 그리스도 안에 무슨 권면이나 사랑의 무슨 위로나 성령의 무슨 교제나 긍휼이나 자비가 있거든 [2]마음을 같이하여 같은 사랑을 가지고 뜻을 합하여 한 마음을 품어 [3]아무 일에든지 다툼이나 허영으로 하지 말고 오직 겸손한 마음으로 각각 자기보다 남을 낫게 여기고 [4]각각 자기 일을 돌볼뿐더러 또한 각각 다른사람들의 일을 돌보아 나의 기쁨을 충만하게 하라 [5]너희 안에 이 마음을 품으라 곧 그리스도 예수의 마음이니 [6]그는 근본 하나님의 본체시나 하나님과 동등됨을 취할 것으로 여기지 아니하시고 [7]오히려 자기를 비워 종의 형체를 가지사 사람들과 같이 되셨고 [8]사람의 모양으로 나타나사 자기를 낮추시고 죽기까지 복종하셨으니 곧 십자가에 죽으심이라

히 10:24 서로 돌아보아 사랑과 선행을 격려하며

갈 6:1-3 [1]형제들아 사람이 만일 무슨 범죄한 일이 드러나거든 신령한 너희는 온유한 심령으로 그러한 자를 바로잡고 너 자신을 살펴보아 너도 시험을 받을까 두려워하라 [2]너희가 짐을 서로 지라 그리하여 그리스도의 법을 성취하라 [3]만일 누가 아무 것도 되지 못하고 된 줄로 생각하면 스스로 속임이라

마 18:15-17 [15]네 형제가 죄를 범하거든 가서 너와 그 사람과만 상대하여 권고하라 만일 들으면 네가 네 형제를 얻은 것이요 [16]만일 듣지 않거든 한두 사람을 데리고 가서 두세 증인의 입으로 말마다 확증하게 하라 [17]만일 그들의 말도 듣지 않거든 교회에 말하고 교회의 말도 듣지 않거든 이방인과 세리와 같이 여기라

> 잠 25:9-12 ⁹너는 이웃과 다투거든 변론만 하고 남의 은밀한 일은 누설하지 말라 ¹⁰듣는 자가 너를 꾸짖을 터이요 또 네게 대한 악평이 네게서 떠나지 아니할까 두려우니라 ¹¹경우에 합당한 말은 아로새긴 은 쟁반에 금 사과니라 ¹²슬기로운 자의 책망은 청종하는 귀에 금 고리와 정금 장식이니라

이웃과 다투지 않는 것이 최고다. 다툴 일이 발생한다면 둘 사이에서 해결하는 것이 최고다. 그러나 이것이 굳이 공적으로 다루어져야 한다면 최소한으로 다투는 일에 대해서만 이야기하고 그간 서로 간에 나누었던 비밀스런 이야기나 약점들을 들추어 이기려고 이용해서는 안 된다. 이런 일을 말할 때에 상대방도 공격을 하면 명성이 더 엉망이 될 수 있기 때문이다.

> 고후 2:10-11 ¹⁰너희가 무슨 일에든지 누구를 용서하면 나도 그리하고 내가 만일 용서한 일이 있으면 용서한 그것은 너희를 위하여 그리스도 앞에서 한 것이니 ¹¹이는 우리로 사탄에게 속지 않게 하려 함이라 우리는 그 계책을 알지 못하는 바가 아니로라
>
> 잠 17:9 허물을 덮어 주는 자는 사랑을 구하는 자요 그것을 거듭 말하는 자는 친한 벗을 이간하는 자니라
>
> 잠 17:4 악을 행하는 자는 사악한 입술이 하는 말을 잘 듣고 거짓말을 하는 자는 악한 혀가 하는 말에 귀를 기울이느니라
>
> 잠 10:12 미움은 다툼을 일으켜도 사랑은 모든 허물을 가리느니라
>
> 요 13:35 너희가 서로 사랑하면 이로써 모든 사람이 너희가 내 제자인 줄 알리라
>
> 요 15:13 사람이 친구를 위하여 자기 목숨을 버리면 이보다 더 큰 사랑이 없나니

2) 이 구절들을 잘 묵상하고 공부하여 함께 살아가는데 실천할 수 있는 원리들을 각자 정하라.

나. 다른 사람과의 차이점을 올바르게 인식하라.

　1) 당신의 룸메이트가 당신과 같이 되도록 하기 위해 _____ 하지 말라. 당신이 하나님의 형상을 닮도록 하기 위해 그를 당신에게 보내 주셨다고 생각하라.
　　"하나님께서는 특별한 목적으로 그를 나의 생애에 보내 주셨다. 그는 나를 _____ 할 뿐만 아니라 나의 모난 부분을 손질해 주는 _____ 이다."

　2) 우리 모두는 각기 _____ 배경을 가진 사실을 인정하라.

　3) 조직이나 시간 사용 등 그 외에 있어서 서로를 _____ 도우려고 노력하는 한편 _____ 을 인정하라.

　4) 친절하고 상냥하며 서로에게 _____ 하라. 그가 자신에 대해 이야기 하도록 하라. 또 그에게 당신 자신을 알려 주라. (장래 꿈과 소원 등)

　5) 먼저 _____ 과 _____ 에 대해 동의하라.
　　당신의 룸메이트의 요구와 개인의 필요를 고려하고 서로 그런 면에 대해 분명하게 대화하라. 정확히 알지도 못하면서 '그럴 것이다'라는 잘못된 추측을 하지 않도록 주의하라. 반드시 상대방 의사를 확인하라.

다. 실제적인 행동으로 사랑을 표현하라.

　1) 당신은 그에게 _____ 하려는 태도로 대하라. 왜냐하면 이것이 당신을 향한 하나님의 뜻이며 서로를 위한 _____ 이기 때문이다. 개인 전략의 목표를 성취하기 위해 서로 격려하라.

2) 당신을 위해 그가 하는 모든 것에 _____ 하라. 그가 당신의 룸메이트인 것을 하나님께 감사하라.

3) 당신의 룸메이트에 대한 _____ 과 진실된 사랑을 주시도록 하나님께 구하라.

4) 서로를 _____ 수 있도록 노력하라. 갈 6:9-10을 묵상하라. 그는 내가 당면해 보지 않은 필요들을 가지고 있으며 (사랑과 용납 등) 어려움을 가지고 있을 수 있다. (과거의 상처나 재정 문제나 가족들 간의 갈등 등)

> 갈 6:9-10 ⁹우리가 선을 행하되 낙심하지 말지니 포기하지 아니하면 때가 이르매 거두리라 ¹⁰그러므로 우리는 기회 있는 대로 모든 이에게 착한 일을 하되 더욱 믿음의 가정들에게 할지니라

5) 당신의 룸메이트가 믿음이나 사랑 등의 성령의 열매를 드러낼 때 _____ 하라. 어떤 일에 대해서 당신이 칭찬할 때 그들은 칭찬한대로 된다. 만일 어떤 사람이 나쁜 특성을 가지고 있다면 _____ 되도록 기도하고, 변화된 것에 대해서 칭찬하라.

6) 그의 관심과 필요와 문제들을 _____ 시간을 가지라. 시간을 따로 떼어 놓으라. 사람들을 위해 그러한 시간을 _____ 하라. 사람들은 계획들보다 중요하다.

7) 서로를 위해 무엇인가 하라. 예를 들면 심부름이나 룸메이트를 위해 마실 것 등을 준비하라.

시험공부나 업무로 급하면 설거지도 자기 차례가 아니라도 해 주어라. 결코 손해 보는 것이 아니다. '다음번에는 네가 두 번 설거지해야 한다.' 등의 대가를 요구하거나 생색을 내어 부담을 주지 않도록 주의 하라.

8) 룸메이트에게 _____ 있는 것과 조용한 시간이 필요함을 인식하라.

9) 친구나 손님을 초대했을 때 당신의 룸메이트를 _____ 하라. 미리 양해를 구하고 허락을 맡고 몇 시에 헤어질 것인지를 상의하라. 늦어질 경우 꼭 다시 양해를 구하고 사과하는 것을 잊지 말라.

10) _____ 같이 즐거운 일을 하며 시간을 보내라. 룸메이트를 통해서도 하나님께서 역사하시므로 좋은 인연으로 함께 좋은 시간을 보내고 추억을 만들어라.

11) 서로를 _____ 하라. 이것은 함께 잘 지내는 것만으로는 충분하지 않다. 대화와 기도의 질적인 시간을 가지라.

라. 개방된 분위기를 창조하라.

1) _____ 를 실천하라. 먼저 자신을 여는 자가 되라.

2) 당신이 어떤 일에 대해 실제로는 그러면서도 그렇지 않은 척하지 마라. 방해 받지 않았다거나 관계치 않는다는 식의 말로 둘러대지 마라. 기도하고 사랑으로 솔직하게 이야기하라. 엡 4:15은 선택이 아니라 명령이다.

> 엡 4:15 오직 사랑 안에서 참된 것을 하여 범사에 그에게까지 자랄지라 그는 머리니 곧 그리스도라

3) 함께 생활하면서 드러나는 룸메이트의 단점이나 모순점들을 그가 객관적으로 볼 수 있도록 도우라. 하지만 돕겠다고 너무 사소한 것까지 말하는 것은 주의하라. 그렇게 서로서로 도우라. 마 18:15, 잠 17:9, 잠 25:9-12, 마 7:5 (먼저 자신을 살피라)

> 마 7:5 외식하는 자여 먼저 네 눈 속에서 들보를 빼어라 그 후에야 밝히 보고 형제의 눈 속에서 티를 빼리라

4) _____ 을 회피함으로서 당신과 룸메이트와의 상황을 통해서 하나님이 성취하시고자 하는 일을 놓치지 말라. 빌 2:1~8, 마 18:15, 잠 27:17, 한 사람은 함께 하는 사람을 다듬을 수 있다.

> 잠 27:17 철이 철을 날카롭게 하는 것 같이 사람이 그의 친구의 얼굴을 빛나게 하느니라

   (1) 하나님이 당신을 사용하실 것을 신뢰하라.
   (2) 당신이 아마도 그들과 함께 할 수 있는 유일한 사람일지도 모른다.
   (3) 서로 잘 지낼 뿐만 아니라 서로가 서로에게 소속되어야 한다.
   (4) 만일 우리가 어떤 문제들을 그대로 내버려둔다면 그 문제들은 벽돌이 될 것이고 끝내는 벽이 될 것이다. 벽돌이 형성되도록 허용치 말라. 문제들을 이야기하라.
   (5) 갈등이나 문제를 갖는다고 나쁜 것은 아니다. 그러나 그것을 처리하지 않을 때 나쁘게 된다. 인간은 누구나 죄성이 있고, 성격과 문화와 자란 환경이 다르기 때문에 서로 불편하고 갈등이 생기고 문제가 얼마든지 생길 수 있다.

5) 만일 당신이 갈등과 문제를 가지고 있다면 해결해 줄 수 있는 간사님들로부터 도움을 찾아보라. (마 18:15-17)

마. 서로의 소유물에 대해 주의하라.

1) 다른 사람의 소유물을 빌려 쓰는 것에 대해 주의하라.

> 출 22:14-15 ¹⁴만일 이웃에게 빌려온 것이 그 임자가 함께 있지 아니할 때에 상하거나 죽으면 반드시 배상하려니와 ¹⁵그 임자가 그것과 함께 있었으면 배상하지 아니할지니라 만일 세 낸 것이면 세로 족하니라

2) 타인의 개인 소유물에 대해 존중할 줄 알아야 한다. 빌려 쓰기 전에 늘 의사를 물으라.

바. 생활환경을 편안하게 지속시키라.

1) 당신 _____ 을 하라. 당신의 룸메이트를 향한 사랑의 표현으로 당신의 소유물 등을 늘 정돈하라.

2) 당신이 일어나는 즉시 침구를 깨끗이 정돈하라.

3) 식사 후에는 즉시 치우라.

4) 화장실에 필요한 생필품이 떨어지면 즉시 보완해 놓으라. 생필품을 마련하는 규칙도 정하라. 돈을 함께 낼 것인지 각자 해결할 것인지 등 (예, 비누, 치약, 휴지 등등).

5) 옷가지나 구두 등을 사용하면 즉시 정리하라.

6) 당신 혼자 손님을 초대했을 때 모임이 끝난 후의 설거지나 주방 청소 등을 당신 자신이 책임을 지라. 룸메이트에게 같이 치울 것을 은근히 기대하거나 강요하지 마라.

　룸메이트는 자신의 공간과 시간을 즐기는 것의 권리가 보장되고 모든 것에서 자유로워야 한다.

사. 일의 영역을 나누라.

1) 룸메이트와 정규적인 모임을 시작하라. 그곳에서 가족으로서 일의 의무를 나누라.

2) 같이 살기 시작한 초창기의 몇 달은 같이 앉아서 계획하고 기호와 싫어하는 것을 토론하며 가정의 일을 나누어 맡으라. 그리고 문제가 일어났을 경우 자유스럽게 그 문제를 토론할 수 있는 분위기를 만들라.

3) 당신이 해야 할 일을 잘 발견하여 물어보지 말고 늘 자발적으로 그것들을 행할 수 있도록 당신 자신을 훈련하라.

아. 서로 간에 영적 성장을 지속하라.

1) 매일 같이 기도하라. 서로를 위해 간구하라. 만일 당신이 사전에 동의를 구하지 않았다면 다른 사람을 위한 긴 기도는 하지 말라.

2) 상호간에 서로 나눌 수 있는 목적으로 일주일에 한 번씩 성경공부를 같이 하라. 인터넷을 이용하여 좋은 설교 말씀을 함께 들어도 좋다.

 **2 적용**

가. '룸메이트와의 관계 개선을 위한 개인 성경공부'로 각각 45분 정도의 성경공부를 하라.

나. 45분 후에 당신이 준비한 "당신의 룸메이트 파악하기(워크숍)"를 서로 1시간 동안 나누고 서로를 이해하고 격려하는 시간을 가지라.

다. 서로 명확한 가르침을 받은 후에 기도로 마치라.

룸메이트와 관계개선을 위한 개인 성경공부

가. 동기

　룸메이트와의 많은 갈등은 대개 우리의 관계를 세워줄 수 있는 적절한 영적 지침을 갖지 못하는데서 비롯된다. 이 공부는 당신의 룸메이트와의 관계에 몇몇 성경적 원리들을 발견하도록 도울 것이다.

나. 방법들

1) 방해받지 않고 혼자 있을 수 있는 장소에서 1시간 정도를 내어 아래 성경공부를 하라.

2) 하나님께서 당신에게 말씀하시도록 하고 그의 말씀을 통해서 당신의 특정한 룸메이트의 상황을 알게끔 기도하라.

3) 다음 학습장을 사용하여 각 참조 성구를 찾아보라.

4) 각 성구에서 함축되어 있는 전반적인 원리를 발견하라.

5) 당신 생활환경에 전반적인 원리를 적용하라. 구체적이 되라. 이와 같은 것들을 생각해 보라 : 지금 현재 나의 태도는? 무엇이 필요한가? 누구에게 감정이 있는가? 이 일에 대해 내가 어떻게 해야 하는가?

룸메이트와 관계개선을 위한 개인 성경공부

구 절	함축된 전반적인 의미	적 용
예 : 막 12:31-33	"자신을 사랑하듯 서로 사랑하라"	사심이 없도록 하라는 뜻. 내 것처럼 내 룸메이트의 필요와 요구에 관심을 가지라. 물론 매우 힘든 일이다. 오직 하나님만이 이 일에 능력을 주실 수 있다. 그냥 시작부터 해 보자. 다음번에는 진수가 바쁠 때 불만 없이 음식물 쓰레기를 내가 혼자서 한 주 동안 버려주고 싶다고 이야기해야겠다.
빌 2:1-8		
히 10:24		
갈 6:1-3		

룸메이트와 관계개선을 위한 개인 성경공부

구 절	함축된 전반적인 의미	적 용
마 18:15		
고후 2:10-11		
잠 17:9		
잠 17:4		

룸메이트와 관계개선을 위한 개인 성경공부

구 절	함축된 전반적인 의미	적 용
잠 10:12		
요 13:35		
요 15:5		
요 15:13		

당신의 룸메이트 파악하기(워크숍)

학 습 목 표

이 강의가 끝날 때 당신은,
1) 당신의 룸메이트와 잠재적인 문제 영역을 배우고 그것들을 대화로 도울 수 있게 된다.
2) 당신의 가정생활을 어떻게 세울 수 있을지 룸메이트와 의논함으로 가정 내에서 당신이 편하게 느끼고 창조적이며 효율적이 되도록 할 수 있다.

 **1 서론**

가. 룸메이트와의 많은 갈등은 상대방의 좋아하는 것과 싫어하는 것, 성격과 습관 등을 _____ 못함으로 발생된다. 또한, 불화가 생기는 영역에 대해 어떻게 대화해야 할지를 모르기 때문이기도 하다.

나. 서로의 _____를 증진시킬 수 있을 때, 어떤 일에 대해 동의 하는가 동의하지 않는가를 알 때, 서로간의 차이점에 대해서 보다 쉽게 적용하고 인정할 수 있게 된다.

다. _____ 가정과 행복한 생활환경은 보다 성공적인 사역을 촉진시킨다.

 **토의**

가. 지침

1) 아래의 질문들을 당신의 룸메이트와 같이 앉아서 토의하라. 이 시간은 당신을 위해 특별하고도 보람 있는 시간이 될 것이다.

2) 기도로 시작하라.

3) 각 질문을 철저하게 토의하라. 질문으로 인해 감추어졌던 영역을 드러내 놓게 될 때 자유롭게 이야기하도록 하라.

4) 각 질문에 대해 모든 사람이 대답할 기회가 주어져야 함을 숙지하라.

5) 준비된 여백에 당신 자신의 의견과 기록을 요약하라.

나. 질문들

질문	비고
1) 당신은 내향적인가 아니면 외향적이며 적극적인가?	
2) 당신은 혼자 지내기를 좋아하는가 혹은 당신 주위에 대화할 대상이 있을 때 더욱 편안하게 느끼는가?	

질문	비고
3) 당신은 참기를 잘하는 사람인가? 만일 당신이 인내하지 못하면 그것이 당신 생활에서 어떻게 표현되는가? 그냥 마음에 품고 있는가 아니면 화를 내거나 당신의 감정을 말로 표현하는가?	
4) 만일 어떤 것이 당신을 괴롭힌다면 대개 당신은 그것에 대해 어떻게 처리하는가?	
5) 만일 당신이 룸메이트에게 방해가 된다면, 당신은 룸메이트가 그 상황에서 그저 암시만 주기를 원하는가 아니면 직접 말해 주기를 원하는가?	
6) 어떤 것이 당신을 짜증나게 하는가? 사소한 것들이라도 어떤 것들이 당신의 신경을 자극해서 약을 올리는가?	
7) 만일 당신이 속으로 상처를 입거나 화가 난 것에 대해 상대가 눈치챘을 때 당신은 상대가 어떤 반응을 보여주기를 원하는가?	
8) 서로 교제(fellowship)함에 있어서 가장 약한 영역이라고 느끼는 것은?	
9) 당신은 조직되어 있고 명백하게 제시된 것을 좋아하는가 아니면 계획되어 있지 않고 간헐적으로 일어나는 일들을 좋아하는가?	
10) 당신은 당신 개인의 필요와 요구들에 대해 사람들이 대체적으로 민감하다고 생각하는가? 설명하라.	

질문	비고
11) 당신은 룸메이트와 함께 특별한 기도의 시간이나 서로 나눌 수 있는 경건의 시간이 필요하다고 생각하는가? 언제가 좋겠는가?	
12) 당신은 사람들을 초대하기를 좋아하는가? 그러면 얼마나 자주인가? 룸메이트가 사람들을 초대하기 전에 당신에게 알릴 필요가 있다고 생각하는가?	
13) 당신의 손님들이 왔을 때 룸메이트가 자연스럽게 참여해야 하는가 아니면 룸메이트가 초대받기까지 기다려야 하는가?	
14) 당신은 바깥에서의 활동, 운동이나 쇼핑, 영화관람 등의 시간을 룸메이트와 함께 많이 갖기를 원하는가? 아니면 당신 혼자 이런 일들을 하기를 더 좋아하는가?	
15) 룸메이트가 이성 친구를 자주 집에서 데려 온다면 당신은 어떻게 느끼는가?	
16) 당신의 데이트나 남녀 문제에 대해 룸메이트가 코멘트하는 것에 대해 당신은 어떻게 생각하는가?	
17) 당신은 밤을 지새우는 손님에 대해 어떻게 느끼는가?	
18) 당신은 어떤 것들이 정리가 되지 않으면 신경이 쓰이는가? 당신은 모든 것들이 항상 정리되어 있는 것을 좋아하는가?	

질문	비고
19) 서로가 자기 생활 일정을 어느 정도까지 알려야 한다고 생각하는가?	
20) 텔레비전 보는 것에 대해 어떤 의견이 있는가? 시간, 소리의 크기, 프로그램 등….	
21) 당신이 듣기 원하는 음악은 어떤 것인가? 당신이 싫어하는 종류의 음악은 무엇인가?	
22) 당신은 반려동물 키우는 것을 어떻게 생각하는가?	
23) 둘 중 누군가 가정 일 등의 규정을 위반했을 때 어떻게 처리해야 한다고 생각하는가?	
24) 둘이 느끼는 불화나 가정일 등의 결정에 대해 토의해야 할 특별한 시간을 정하는 것이 필요하다고 생각하는가?	
25) 당신은 잠을 많이 자는 사람인가 적게 자는 사람인가?	
26) 어떤 것들이 당신을 잠 못 이루도록 하는가?	
27) 늦게 자는 것을 좋아하는가?	

질문	비고
28) 아침에 당신은 말을 많이 하는가 혹은 조용한가? 또는 아침에 말을 시키는 것을 좋아하는가 아니면 아침에는 되도록 말을 적게 하는 것을 원하는가?	
29) 당신은 늦게까지 앉아 이야기하는 것을 좋아하는가?	
30) 아침과 저녁에 욕실 사용 시간이 얼마나 필요한가?	
31) 당신은 샤워나 목욕을 아침이나 저녁 중 언제하기를 더 좋아하는가?	
32) 당신은 아침에 늘 정해서 하는 일이 있는가? 서로가 제시간에 준비를 하려면 어떤 조정이 필요한가?	
33) 룸메이트가 정숙하지 못한 모습으로 있을 때 당신은 어떻게 느끼는가?	
34) 당신의 침실은 당신이 허락을 해야만 출입할 수 있는 곳이라고 생각하는가?	

다. 가사일의 경영

질문	비고
1) 당신은 식사 준비를 혼자 하기를 원하는가 분담해서 같이 하기를 원하는가?	
2) 식사준비를 같이 한다면 다음에 대해 이야기하라: 　식단과 쇼핑계획서 　식사예산 – 식습관 – 식단표 　설거지 당번 　손님 초대 등 만일 누군가 식이요법을 하기 원한다면, 특정 음식에 대한 예산을 개인의 원함에 따라 포함시키기 원하는가? 혹은 그 사람 자신이 개인적으로 사오기를 원하는가?	
3) 개별적으로 식사준비 하기를 원할 경우에 대해서 이야기 하라. 　찬장과 냉장고의 분배 　공동가사 예산을 지불하는 방법 　접시세재, 냅킨, 중요도구, 화장지등 　식단표	
4) 가사일의 의무분담 방법 및 그것이 얼마나 자주 행해져야 하는가? 　설거지 　주방청소(가구 닦기나 씻어져야할 모든 가재들) 　쓰레기 버리기 　화분 물주기 　빗자루질 　걸레질 　욕실 청소 　냉장고 서리제거	

질문	비고
5) 만일 룸메이트가 해야 할 몫의 가사 일을 하지 않았거나 더러운 접시를 설거지도 않은 채 주방에 그냥 놔두었을 때 당신은 어떻게 느끼겠는가?	
6) 어떤 방법으로 가정에 필요한 돈을 지불해야 하는가? 즉, 전기세, 가스, 수도세, 집세, 전화료 등….	
7) 당신은 집이 꼭 이렇게 꾸며져야 한다고 생각하는 의견을 가지고 있는가?	
8) 어떻게 집을 꾸미면 좋다고 생각하는가?	
9) 가구나 기구, 그릇 등을 구비하는데 있어서 어떻게 하기를 원하는가? 또한 이 모든 것들을 공동으로 사용하기를 원하는가?	
10) 접시나 초 또는 조리기구등 중에 당신만 사용하고 싶다든가 혹은 특별한 때에만 사용하기를 원하는 것이 있는가?	
11) 전화에 관해서 (전화가 집안에 있는 경우) 전화건 사람의 이름 등, 메모는 어떻게 어디에 해 놓기를 원하는가?	
12) 당신의 차를 다른 사람이 빌려 쓰는 것에 대해 어떻게 생각하는가? (차가 있는 경우)	
13) 돈을 빌리거나 대부 받는 것에 대해 어떻게 느끼는가?	
14) 옷이나 화장품을 빌리는 것을 어떻게 생각하는가?	

지도력이란?

 서론

가. 지도자의 정의

웹스터 사전에는 지도력을 다음과 같이 정의하고 있다.
"지도력이란 지도하는 능력이다"
직무를 수행하므로 써 지도자의 자격을 갖는 것이다. 때로는 아무런 직함이 없을지라도 아주 훌륭한 지도자일 수 있다. 웹스터 사전에서 '지도'에 대해서는 "방법을 제시해 주고 수행하며 이끌어 주고 앞서 가거나 함께 행함으로써 _____ 길을 가르쳐 주는 것"이라고 정의하고 있다.

나. 지도자란 '두 가지 일'을 행하는 사람이다.

  1) 그가 향해서 가고 있는 곳 즉 _____ 를 알고 있어야 한다.

  2) 다른 사람으로 하여금 자기와 함께 가도록 _____ 할 수 있어야 한다.

  지도자로서의 성패를 결정하는 것은 바로 이 두 가지 목표와 동기부여를 조화시키는 데 달려있다. 어떤 사람들은 군중의 상상력을 충동질해서 자신을 따르도록 하는 놀라운 능력을 갖고 있는 반면 그들이 가야할 목표점을 알지 못하고 있다. 그들을 막다른 골목으로 몰아갈 수도 있다. 또 어떤 이들은 분명한 목표를 가지고는 있으나 그들과 함께 행동하도록 그 누구도 설득하지 못한다.

다. 지도력의 또 하나의 요소는 개념적인 면이다. 즉 지도자란 어떤 생각이나 이념, 대의명분에 깊이 감명을 받은 자라야 한다.

라. _____ 의 요소도 있다.

  1) 훌륭한 지도자는 사상에 대한 관심과 아울러 사람들 _____ 도 가져야 한다.

  2) 어떤 사람이 과연 지도자인지를 판별하는 두 가지 질문이 있다.
    (1) 첫 번째는 '실로 밤잠을 못 이루게 하는 것은 무엇인가?' '당신을 충동질하는 것은 과연 무엇인가?'이다.

(2) 둘째로는 '당신과 함께 할 동역자들은 어디에 있는가?'이다.

만약 당신이 그들의 삶을 형성하고 있는 한 무리의 사람들을 지적해 낼 수 없다면 당신은 지도자가 아니다. 또한 당신의 원하는 바가 무엇인지 구체적이고 명확하게 규정지을 수 없는 정도라면 당신은 지도자가 아니다.

데살로니가전서 2:6-10을 보면서 바울의 지도자다운 면을 찾아보라.

> 살전 2:6-10 ⁶또한 우리는 너희에게서든지 다른 이에게서든지 사람에게서는 영광을 구하지 아니하였노라 ⁷우리는 그리스도의 사도로서 마땅히 권위를 주장할 수 있으나 도리어 너희 가운데서 유순한 자가 되어 유모가 자기 자녀를 기름과 같이 하였으니 ⁸우리가 이같이 너희를 사모하여 하나님의 복음뿐 아니라 우리의 목숨까지도 너희에게 주기를 기뻐함은 너희가 우리의 사랑하는 자 됨이라 ⁹형제들아 우리의 수고와 애쓴 것을 너희가 기억하리니 너희 아무에게도 폐를 끼치지 아니하려고 밤낮으로 일하면서 너희에게 하나님의 복음을 전하였노라 ¹⁰우리가 너희 믿는 자들을 향하여 어떻게 거룩하고 옳고 흠 없이 행하였는지에 대하여 너희가 증인이요 하나님도 그러하시도다

👍2 목표가 분명한 사람이 되려면 어떻게 해야 할까?

가. 개인적인 _____ 을 가지도록 해야 한다.

1) 확신을 더하기 위해서는 우선 _____가 필요하다. 자신의 마음 속에 하나님의 생각으로 가득 차게 될 때 확신을 갖게 된다.

2) 둘째, _____ 곧 생각할 시간을 꾸준히 갖도록 하라.

3) 셋째, 꾸준한 _____ 이 필요하다.

잠언 3:5-6에서 말씀하시기를 "너는 마음을 다하여 여호와를 의뢰하고 네 명철을 의지하지 말라. 너는 범사에 그를 인정하라. 그리하면 네 길을 인도하시리라"고 하셨다.

로마서 14:5에 "각각 자기 마음으로 확정할지니라"고 하셨다.

나. 당신의 전체 생활을 _____ 에 맞추도록 해야 한다.

무슨 일을 성취해 내는 사람과 게으름을 피우는 사람과의 차이는 어떤 때에 '안됩니다'라고 해야 할지를 아느냐에 달려있다.

다. 개인 생활 계획을 _____ 하게 지켜야 한다.

'계획'이라는 말 속에는 _____ 가 포함된다.
지도자는 목표를 가지며 이를 위한 계획이 필요하고 이 계획을 실천하기 위해서는 훈련되어야 하고 훈련은 절제를 포함한다.

개인 생활 계획은 개인적인 것이다. 어떤 형식이란 것이 없다. 다른 사람의 스케줄을 본 뜰 수도 없다. 나의 목표를 달성하는 데 별로 도움이 되지 않는 활동이라면 제외시키도록 하라.

라. 어려운 _____ 을 기꺼이 하도록 하라.

"이 사람은 유능한 사람이다."라고 말할 때 실은 "이 사람은 의지적인 결단을 할 줄 아는 사람이다."라고 말하는 셈이다. "내가 그것을 하겠소. 그곳에 가겠소." 하는 식이다. 하나님의 말씀 가운데 권면의 말씀들은 대부분 명령형이다.

마. _____ 이나 목적의식을 갖도록 하라.

> **민수기 13:33** 거기서 또 네피림 후손 아낙 자손 대장부들을 보았나니 우리는 스스로 보기에도 메뚜기 같으니 그들의 보기에도 그와 같았을 것이니라

만약 당신 스스로를 메뚜기 같다고 여길 때 실제 당신은 그렇게 될 수 밖에 없다. 그러나 당신 자신을 하나님께서 예정해 놓은 사람으로 여기게 될 때 당신 지도력의 형태는 세상을 온통 변화시켜 버릴 것이다.

바. 아직 이루지 못했다는 _____ 속에서 사는 법을 배우도록 하라.

바울은 빌립보서 3장에서 "형제들아 나는 아직 내가 잡은 줄로 알지 아니하고 오직 한 일 즉 뒤에 있는 것은 잊어버리고 앞에 있는 것을 잡으려고 푯대를 향하여 그리스도 예수 안에서 하나님이 위에서 부르신 부름의 상을 위하여 좇아가노라"고 했다.

영적인 면에서 볼 때 어려운 문제는 성장을 하는 데 꼭 필요한 필수 요소이다. 역경이란 영적 진보를 의미한다.

사. 힘겹게 보다는 _____ 하도록 하라. 분주히 활동하는 것과 일을 성취하는 것, 이 두 가지의 차이점을 깨달아야 한다.

지도력 (연구문제)

1. 당신 생애의 전반적인 목표는 무엇인가?

깨어 활동하는 시간의 몇 퍼센트나 이 목표에 도움이 될 활동을 하는 데 사용하고 있는가?

당신이 현재 하고 있는 활동 가운데 목표를 위해 그만두어야 할 활동이 있는가?

목표를 위해서 새롭게 시작해야 할 활동이 있는가?

2. 경수는 현철의 사무실로 갔다. 현철은 매우 근심스런 표정으로 책상 뒤편에 앉아 있었다. 현철이 "앉게"라고 했다. 그리고 현철은 "아, 머리가 왜 이렇게 아플까? 일이 자꾸 쌓이고 있는 것 같아. 옛 계획을 따라서 일을 끝내지도 않았는데 사장은 매일 같이 새로운 것을 떠맡기고 있지. 오 맙소사! 일이 쌓일수록 두통이 심해지는군. 더욱이 우리 직원 가운데 한 사람을 해고해야 할지 그냥 두어야 할지 결정도 해야 하네. 그 친구는 잘못만 저지르고 있어. 하지만 나 혼자서 해고시킬 수도 없거든"

현철의 문제를 어떻게 분석하겠는가?

경수가 현철에게 줄 수 있는 조언은 무엇인가?

9과

지도력 개발

- 개 관 목 적 -
영향력이 있는 지도력의 여러 가지 개념들을 보여준다.

학 습 목 표

이 강의가 끝날 때 당신은,

1. 지도하기를 정의할 수 있다.
2. 다른 사람을 지도하는 데 필요한 원리들을 최소한 다섯 가지는 말할 수 있다.
3. 그들의 개인적인 지도력에서 부족한 세 가지 영역과 그들이 하게 될 세 가지 개선점을 말할 수 있다.

 **1 서론**

가. 지도하기란 무엇인가?

디모데전서 3:1을 읽고 이 말씀이 무엇을 가르치고 있는지 말해 보라.

> **딤전 3:1** 미쁘다 이 말이여, 곧 사람이 감독의 직분을 얻으려 함은 선한 일을 사모하는 것이라

_____은 사람으로 효과적인 행동을 하게 하는 것이다. 또한 다른 사람들을 생산적인 사람이 되게 하는 동기부여의 기술을 개발하는 것이다. 한 지도자에 대한 테스트는 그가 한 일이 아니라 그가 한 일의 결과로 다른 사람들이 한 일을 통해 할 수 있다.

나. 당신의 지도력을 개발하라.

느헤미야 2:17-18과 4:14-15을 읽고 다음을 답해 보라.

> **느 2:17-18** ¹⁷후에 그들에게 이르기를 우리가 당한 곤경은 너희도 보고 있는 바라 예루살렘이 황폐하고 성문이 불탔으니 자, 예루살렘 성을 건축하여 다시 수치를 당하지 말자 하고 ¹⁸또 그들에게 하나님의 선한 손이 나를 도우신 일과 왕이 내게 이른 말씀을 전하였더니 그들의 말이 일어나 건축하자 하고 모두 힘을 내어 이 선한 일을 하려 하매
>
> **느 4:14-15** ¹⁴내가 돌아본 후에 일어나서 귀족들과 민장들(officials)과 남은 백성에게 말하기를 너희는 그들을 두려워하지 말고 지극히 크시고 두려우신 주를 기억하고 너희 형제와 자녀와 아내와 집을 위하여 싸우라 하였느니라 ¹⁵우리의 대적이 우리가 그들의 의도를 눈치챘다 함을 들으니라 하나님이 그들의 꾀를 폐하셨으므로 우리가 다 성에 돌아와서 각각 일하였는데

위의 말씀에서 느헤미야는 어떤 역할을 했는가?

느헤미야의 리더십의 결과는 무엇인가?

느헤미야는 어떤 리더십을 가졌는가?

이제, 우리가 어떻게 느헤미야와 같은 리더십을 개발할 수 있는지를 생각해 보자.

2 지도력을 개발하는데 필요한 원리

가. 크게 영향을 미치라.

1) 지도력은 가르치기 보다는 _____ 이다.
   전염성이 많은 사람이 되라. 지도자는 마치 전염병을 가진 사람처럼 가는 곳마다 그 병을 퍼뜨리는 사람과 같다. 지도력이란 가르치는 것보다 더 많이 전염시키는 것이다. 그러므로 당신은 인간관계를 강화시켜야 한다. 당신이 사람들과 친해질수록 전염성은 더 커진다.

2) 요한복음 4장 – 사마리아 여인
   예수님은 사마리아 여인에게 어떤 영향을 미쳤나?

   그의 제자들이 돌아왔을 때, 그녀는 다른 무리들을 동기부여하기 위해 그 동네를 떠나갔다. 이 여자는 예수님과 만난 결과로써 _____ 가 되었다.
   "내가 행한 모든 일을 내게 말한 사람을 와서 보라 이는 그리스도가 아니냐."
   예수님은 좋은 리더이고 동기부여자이시다.

3) 사마리아 여인은 예수님에게 어떤 영향을 미쳤는가?
   위의 사마리아 여인이 동네로 들어간 사이 제자들은 예수님께 음식을 권한다. "랍비여, 잡수소서" 그러나 그는 대답하신다. "내게는 너희가 알지 못하는 먹을 양식이 있느니라." 제자들이 생각할 수 있었던 것은 "누가 잡수실 것을 갖다 드렸는가?"였다. 34절에서 예수님은 "나의 양식은 나를 보내신 이의 뜻을 행하며 그의 일을 온전히 이루는 이것이니라."고 답하신다.

   사마리아 여인이 자신이 발견했던 것을 다른 사람들에게 나누려는 반응과 갈망으로 인해 감격하셨기 때문에 육체적인 음식에 대한 식욕조차 잃어버리셨다.

   당신이 다른 사람의 삶에 영향을 미쳐 영적인 일에 대한 그의 반응으로 인해 감격해서 식욕을 잃었던 때는 언제인가?

4) 지도자는 _____ 을 나눠주도록 위임받은 자이다
   '설교의 황제'라는 별명이 있었던 스펄전 목사는 한 청년을 만났다. 그 청년은 "스펄전

씨, 나는 하나님이 당신에게 맡기신 사역에 상당한 감명을 받았습니다. 당신이 설교하고 가르치는 하나님 말씀에 대한 청중들의 반응에 감명을 받았습니다. 그것은 바로 내가 하고 싶었던 것입니다. 내가 하려는 것에 대해 어떻게 생각하십니까?"

스펄전은 "젊은이, 당신은 가서 당신 자신에게 불을 붙이시오. 그러면 당신이 타고 있는 것을 보기 위해 사람들이 올 것이오."라고 말했다. 지도자는 자신이 가진 비전을 나눠주도록 위임받은 자이다.

나. 다른 사람들을 그들의 _____ 측면에서 인식하라.

  1) 사람들을 _____ 성령의 능력에 대해 철저한 확신을 가지라.

  2) "예리한" 사람들을 찾는 것을 멈춰라. 하나님은 _____ 사람들을 찾으신다.
    사람들의 현재 처한 상황에서 그들을 보지 말라. 그들이 도달할 수 있는 잠재력을 바라보라. 우리는 흔히 예리한 사람을 기대한다. 반면에 하나님은 전심으로 일 할 수 있는 사람을 찾으신다.

다. 사람들을 _____ 하는 기술에 정통하라. 그들을 _____ 말라.

  1) _____ 을 개발시켜라 – 그것을 주저하지 말라.

  2) "이 사람이 나를 위해 무엇을 할 수 있는가"가 아니라 "내가 이 사람을 위해 무엇을 할 수 있는가?"를 물으라.
    당신이 어떤 사람을 발굴할 때 당신의 목적은 그의 최대 잠재력을 개발하는 것이다. 어떤 사람의 은사들을 개발하기 위해 당신은 종이 되어야 한다. 중요한 것은 사람을 섬기는 일이다. 만일 당신이 그를 위해 어떤 일을 하려 한다면 그도 당신을 위해 어떤 일을 할 것이다.

달라스에서 있었던 일이다. 어떤 한 부자는 그리스도를 주로 알기 원했고 많은 기독교 단체에서도 그의 재력과 그가 쏟은 시간을 환영했다. 그러나 이 부자의 부부 생활은 곧 파탄이 났고 이혼했고 아들들은 약물 중독이 되어 있었다. 그 자신도 절망적인 알콜 중독자가 되어 있었다.

이 예에서 무엇이 문제인가?

_____

_____

3) 성공적인 팀을 위한 세 가지 원칙 (사람들을 개발하기 위해)
  (1) 그들에게 _____ 을 부여하라.
  (2) 그들에게 _____ 을 가르치라.
  (3) 사람들을 _____ 이 아닌 _____ 으로 일하게 하라.

UCLA의 야구 코치였던 조 우든에 의하면 팀을 승리로 이끌기 위한 세 가지 원리가 있다. - 이러한 원리들은 다른 사람을 개발하도록 도울 때에도 매우 적절하다.

첫 번째, "팀에 상황을 부여하라."
이것은 시간이 걸린다! 조 우든은 게임의 상황을 의미한 것이다. 또한 게임과 게임 사이에 일어나는 일을 포함하는 것이라고 그는 말한다. 제자화의 측면에서도 여러 상황을 부여하는 것은 중요하다. 전도라든가 순장 훈련, 수련회, 단기선교, 금식기도, 기드온, 순례 전도 등 여러 상황 속에서 제자는 성장한다. 예수님도 여러 상황 속에서 제자들에게 가르치셨다.

두 번째, 사람들에게 기본적인 것들을 가르치라. 신앙생활에서 이것은 너무나 중요하다. 한 사람이 지도자로 성장하는 데에도 이것은 너무 중요하다. 누구나 기본기가 튼튼해야 한다.

세 번째, 사람을 개인으로서가 아니라 팀으로서 함께 일하게 하라. 당신은 사람들을 개인으로 모집하여 팀으로 훈련해야 한다. 성경에서 제자화 훈련을 일대일로 하는 경우는 매우 적다. 예수님이 한 사람에게 말씀하셨을 때, 그는 그룹 속에 있는 그 사람에게 말씀하셨고 그래서 그룹의 다른 사람들도 그것으로부터 교훈을 얻었다.

라. _____가 되라.

1) 다른 사람들이 당신을 _____ 않게 하라.

자발적으로 계획을 시도하는 사람이 됨으로써 사람들을 동기부여하는 사람이 되어야 한다. 가장 큰 문제는 다른 사람을 동기부여하는 것이 아니라 다른 사람들이 당신을 포기하게 만들지 못하게 하는 것이다. "뭐 꼭 그렇게 해야 하나요?", "바쁜데 그럴 시간이 어디 있어요?" 등 당신을 포기하게 하는 터무니없는 사람들을 가까이 하지 말라. 인생이 너무 짧기 때문에 "오, 나도 한번 그것으로 인하여 흥분했었지요"라고 말하면서 살 수는 없다. 계속 흥분하면서 살고 또 그것을 실천하는 자가 되어야 한다.

2) 어떤 개인에 대해 _____ 많은 _____ 와 _____ 적은 _____ 를 할 위험성이 있음을 명심하라. 자발적으로 계획을 시도하는 사람들을 발굴하는 데 있어서, 한 개인에게 너무 많은 통제나 너무 적은 통제를 하게 되는 위험성이 있다. 항상 균형을 배워야 한다.

3) 항상 '무엇을 개발할 것인가?' 라는 질문을 하라.
중요한 질문은 "무엇을 개발할 것인가?"이다. 실수를 두려워하는 지도자는 본인이 많은 것을 하려는 경향이 있다. 그러면 상대방의 개발이 늦어진다. 우리의 임무는 빨리 탯줄을 끊는 것이다.

마. 그 사람의 _____ 에 사역하라.

  1) 그 사람의 _____ 에 사역하라.

  2) 눅 2:52 "예수는 지혜와 키가 자라가며 하나님과 사람에게 더욱 사랑스러워 가시더라"
  예수는 지혜(정신적인 것)와 키(신체적인 것)가 자라가며 하나님(영적인 것)과 사람(사회적인 것)에게 더 사랑스러워 가시더라"고 기록되어 있다.
  예수 그리스도는 한 인간으로서 인격적인 인생을 시작하셨다.

바. _____ 인간적인 흥미와 관심을 전달하라.

  1) 누군가의 인생에 흘러들어가 예수 그리스도를 위해 그를 _____ 하라.

  2) 요일 4:9 "하나님의 사랑이 우리에게 이렇게 나타난바 되었으니 하나님이 자기의 독생자를 세상에 보내심은 그로 말미암아 우리를 살리려 하심이라."

  3) 누구든 어떤 사역을 하고 있다면, 그것은 그가 _____ 하는 것이고 그것에 마음을 쓰고 있기 때문이다.

    따뜻한 마음으로 지도하라. 개인적인 관심과 흥미를 가지라. 사랑에 근거한 행동에는 제한이 없다.

    사랑으로 끄는 힘이 요일 4:19에 잘 표현되어 있다. "우리가 사랑함은 그가 먼저 우리를 사랑하셨음이라." 왜 우리는 예수님을 사랑하는가? 신이시기 때문에? 그럴 수도 있다. 그러나 그보다도 그분이 우리를 죽기까지 먼저 사랑하셨기 때문이다.

사. 구체적 _____을 얻으라.

1) 3중 헌신을 개발하라
   (1) _____에 대한 전적인 헌신
   (2) _____에 대한 헌신
   (3) 그의 _____에 대한 헌신
   지도력 면에서 마지막 원리는 구체적 헌신(3중의 행위)을 얻는 것이다. 누군가에게 혹은 그가 같이 배우고 있는 순원들에게 하나님이 그를 불러 주시고 그것을 위해 그에게 재능을 부여하신 사역에 전심으로 헌신하게 하라.

2) 헌신의 시기에서 _____은 매우 중요하다.
   (1) 여러 번 예수님은 누군가에게 _____고 말씀하였다.

   (2) 사람들은 소속되어 무엇이든지 할 수 있는 자리에 있을 필요가 있다.
   헌신의 시기에서 타이밍은 매우 중대하다.
   당신은 절대로 시기상조의 결정들을 재촉하지 말라.
   예수님은 자신을 따르도록 다른 사람들을 설득하셨다. 그분은 12명의 무리를 택하셨다. 그때 그들은 타이밍을 미루지 않고 예수님을 따랐다. 그들 중 하나는 자기 선택의 희생자였다. 왜냐하면 그분은 기계가 아닌 인간을 다루셨기 때문이었다. 인간은 진리에 직면할 때 언제나 그 자신의 선택권을 가지고 있는데 유다는 자기 길을 선택했다. 그러나 나머지 11명은 매우 소중한 것을 남겼다. 예수 그리스도는 그들에게 "아무든지 나를 따라 오려거든 자기를 부인하고 날마다 제 십자가를 지고 나를 좇을 것이니라"고 말씀하셨다.

   세상 이방인들은 그들을 "천하를 어지럽게 하던 이 사람들이 여기도 이르렀다"라고 말했다. 11명의 배우지 못한 그들은 신학교에 가본 적도 어떤 심오한 교육을 받은 적도 없었다. 그들이 압도적으로 재능을 부여받은 것도 아니었지만 그들은 개발되어 그리스도를 위해 그들의 세상을 움직인 사람들이 되었다.

아. 실천사항

당신 자신의 개인적인 지도력에서 세 가지의 부족한 영역을 말하라. 이 강의에 근거하여 당신이 향상시킬 수 있는 세 가지 개선 방법을 말하라.

1)

2)

3)

**여기에 인용된 글들은 달라스 신학교에서 기독교 교육학의 교수이며 학장이었던 하워드 핸드릭스 박사가 전개하고 주장했던 강의에서 발췌한 것임을 밝혀둔다. 그는 그리스도인을 주제로 많은 연설을 한 뛰어난 전달자이다.

질문을 연구하라.

회사의 구직신청서 평가자의 입장이 되어 당신의 구직신청서를 평가한다고 상상해 보라.

1. 당신의 신청서가 구체적으로 보여줬을 법한 당신의 장점은 어떤 것들이 있겠는가?

2. 당신의 신청서가 구체적으로 보여줬을 법한 당신의 단점은 어떤 것들이 있겠는가?

_____

_____

3. 당신은 당신이 지금 하고 있는 것을 할 수 있다는 "잠재력"을 어떻게 보여줄 수 있다고 생각하는가?

_____

_____

4. 다른 사람의 잠재력을 발견한다는 점에서 현재 제자화하고 있는 사람들 중에서 또는 나의 지도를 받고 있는 사람들 중에서 한 사람의 잠재력이 무엇인지 당신이 느끼는대로 간단히 기록하라.

_____

_____

즉석 퀴즈

이름 : _____   점수 : _____ (100 점만점)

다른 사람들을 다루는 기술 – 지도하기

1. 열거하기 (각 10점)
   지도력의 다섯 가지 원리들을 열거하라.

   가. _____

   나. _____

   다. _____

   라. _____

   마. _____

2. 빈칸을 채우라 (각 10점)
   (각각 5점씩, 25점)

   가. _____ 은 사람들이 효과적인 행동을 취하게 하는 것이다.

   나. 지도력은 가르치기 보다는 _____ 이다.

   다. "예리한" 사람들을 찾는 것을 멈추라. 하나님은 _____ 사람들을 찾으신다.

   라. 항상 "_____?"라는 질문을 하라.

   마. 누구든 어떤 사역을 가지고 있다면 그것은 그가 _____ 이고 그것에 _____ 때문이다.

'나 시리즈'는 하나님의 사람으로 성장하고, 성숙한 신앙으로 발전하며, 주님과 동행하는 영향력 있고 리더십 있는 제자로 교육받기 위해 만들어진 순장 교육용 교재입니다. '나 시리즈'는 '성숙한 나', '멋진 나', '대답이 준비된 나' 총 세 권으로 구성되어 있습니다.

성숙한 나

성숙한 그리스도인으로서 다른 사람을 이해하고 용서하며 권위에 대한 바른 태도를 가지고 좋은 리더가 될 수 있도록 구성

멋진 나

그리스도 안에서 하나님이 주신 꿈을 발견하고, 다른 사람을 사랑하는 제자로 성장할 수 있도록 구성

대답이 준비된 나

하나님과 예수님, 성경의 권위에 대한 변증적인 이슈들을 분명하게 이해하고 대답할 수 있도록 하여 온전한 복음을 전할 수 있도록 구성